10가지
누룩발효조미료로
만드는

발효 식탁

발효푸드디렉터 김봉경

수작걸다

"우리 집 식탁 위에
　　　　누룩꽃이 피었어요."

10가지 누룩발효조미료로 만드는　　　　　　　발　효　식　탁

누룩 이야기

누룩의 종류 · 010

누룩발효조미료 사용법 Q&A · 012

누룩발효조미료로 만든 요리의 특징 · 014

슬기로운 누룩생활 준비물 · 016

누룩발효조미료의 보관기간 · 017

누룩으로 만드는 발효조미료 10

누룩소금을 만들다 · 020

누룩간장을 만들다 · 024

누룩고추장을 만들다 · 026

누룩액젓을 만들다 · 028

누룩맛된장을 만들다 · 032

누룩미소된장을 만들다 · 034

누룩레몬식초를 만들다 · 038

두부치즈를 만들다 · 040

누룩요구르트를 만들다 · 042

쌀막걸리를 만들다 · 044

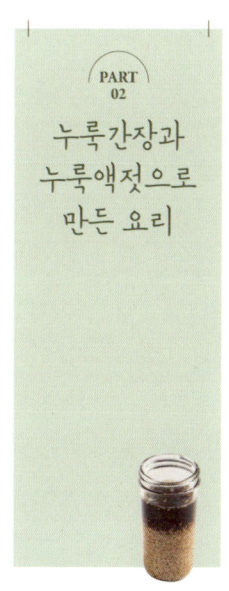

PART 01 누룩소금과 두부치즈로 만든 요리

누룩소금	누룩삼겹살구이와 파채무침 · 050
누룩소금	들기름김페스토파스타 · 052
누룩소금	닭다리살채소오븐BBQ · 054
누룩소금	누룩무매실청절임 · 056
누룩소금	감자브로콜리수프 · 058
누룩소금	바지락맑은스튜 · 059
두부치즈	카레소스와 두부치즈볼 · 060
두부치즈	시금치두부치즈무침 · 062
두부치즈	매콤가지볶음 · 064
두부치즈	두부치즈짜박이 · 066
두부치즈	채소두부치즈 돌돌 라자냐 · 068
두부치즈	시나몬사과피자 · 069

PART 02 누룩간장과 누룩액젓으로 만든 요리

누룩간장	간장유부볶음김밥 · 072
누룩간장	누룩간장버터가자미구이 · 074
누룩간장	얼큰대하새우탕 · 076
누룩간장	목이버섯토마토샐러드 · 078
누룩간장	누룩간장소스 닭윙 · 080
누룩간장	깻잎돼지불고기 · 081
누룩액젓	배추겉절이와 보쌈 · 082
누룩액젓	오이송송이 · 084
누룩액젓	참나물시저샐러드 · 086
누룩액젓	마늘참치볶음밥 · 088
누룩액젓	밥새우루꼴라오일파스타 · 090
누룩액젓	고기소보로액젓쌀국수 · 091

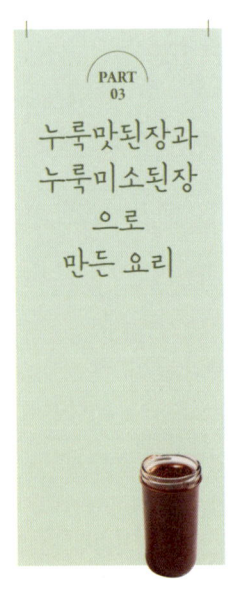

PART 03
누룩맛된장과 누룩미소된장으로 만든 요리

누룩맛된장	쑥갓고기맛된장샐러드 · 094
누룩맛된장	강된장과 표고버섯솥밥 · 096
누룩맛된장	들깨가루드라이맛된장덮밥 · 098
누룩맛된장	닭안심맛된장구이샌드위치 · 100
누룩맛된장	무말랭이아삭이고추무침 · 102
누룩맛된장	멸치시래기된장지짐 · 103
누룩미소된장	미소된장생선가스 · 104
누룩미소된장	대패삼겹숙주볶음 · 106
누룩미소된장	구운 애호박말이 · 108
누룩미소된장	미소된장크림스튜 · 110
누룩미소된장	미소된장버섯주먹밥 · 112
누룩미소된장	두부미역미소된장국 · 113

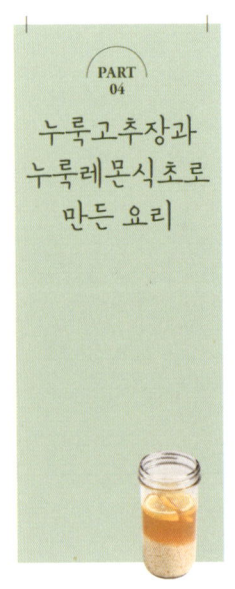

PART 04
누룩고추장과 누룩레몬식초로 만든 요리

누룩고추장	고기완자누룩고추장찌개 · 116
누룩고추장	해초오이지비빔국수 · 118
누룩고추장	건새우누룩무조림 · 120
누룩고추장	짜장고추장어묵떡볶이 · 122
누룩고추장	대파바삭두루치기 · 124
누룩고추장	호두황태고추장볶음 · 125
누룩레몬초	오렌지새우마늘겨자냉채 · 126
누룩레몬초	찹쌀탕수육과 레몬소스 · 128
누룩레몬초	당근완두콩샐러드 · 130
누룩레몬초	로즈마리채소피클 · 132
누룩레몬초	소고기구이초밥 · 134
누룩레몬초	찐 알배추와 매운 고추드레싱 · 135

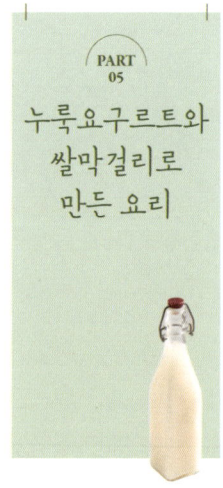

PART 05
누룩요구르트와 쌀막걸리로 만든 요리

누룩요구르트	까망베르아스파라거스구이 · 138
누룩요구르트	미니쑥파운드케이크 · 140
누룩요구르트	유자쌀누룩마들렌 · 142
누룩요구르트	누룩딸기아이스크림 · 144
누룩요구르트	단호박무화과양갱 · 146
누룩요구르트	블루베리누룩스무디 · 148
누룩요구르트	쌀요구르트달달라떼 · 149
쌀막걸리	막걸리모히또 · 150
쌀막걸리	흑당막걸리 · 152
쌀막걸리	자몽청막걸리칵테일 · 154

책에 소개한 발효조미료는 쌀누룩을 기본으로 만들었습니다.
쌀누룩 외에 현미누룩, 보리누룩 중 원하는 누룩을 동량으로 대체해도 좋습니다.
10~11 페이지 <누룩의 종류> 내용을 참고하여 누룩을 선택하세요.

누룩 이야기

변화의 씨앗, 누룩

누룩하면 떠오른 것은? 막걸리, 간장, 된장… 최근 여기에 하나가 더 추가되었으니, 바로 누룩발효조미료입니다. 간장, 액젓, 식초에 누룩을 넣고 재발효하거나, 누룩을 활용해 고추장, 된장 등을 단시간에 만들기도 하지요. 시판 조미료에 누룩만 더해 발효를 기다리는 간단한 공정으로 누구든 집에서 손쉽게 만들 수 있습니다.

누룩은 찐 곡물에 누룩 곰팡이를 번식시켜 만듭니다. 만드는 방법, 재료, 시기에 따라 맛과 향이 달라지죠. 크게 물과 반죽·성형한 밀이나 보리 반죽에 공기 중의 곰팡이가 자연적으로 접종되어 만들어지는 누룩과 곡류에 특정한 곰팡이 균을 인공적으로 접종해 필요한 미생물만을 집중적으로 배양해 만드는 누룩으로 나뉩니다. 보통 시판 중인 누룩은 특정한 곰팡이균을 인공적으로 접종한 후자에 속하지요. 어떤 곡물에 누룩 곰팡이를 접종시키는가에 따라 누룩의 이름도 달라집니다. 밀로 만들면 밀누룩, 쌀로 만들면 쌀누룩, 보리로 만들면 보리누룩이라 불립니다. 이중 가장 대중적인 누룩이 쌀누룩입니다.

염도↓ 감칠맛↑ 누룩발효조미료

누룩은 맛의 놀라운 변화를 주는 씨앗이라 할 수 있습니다. 이 작은 쌀알 하나가 식재료의 세포를 분해해 식재료 본연의 맛에 새로움을 더해주지요. 누룩으로 만든 조미료와 발효식품은 각각의 염도를 낮추고, 감칠맛은 살려줍니다. 발효과정을 통해 약 100여 가지의 효소가 만들어지는데, 그중 3대 소화효소가 소화, 흡수를 촉진해 면역력 향상에 도움을 주지요. 아밀라아제는 전분을 포도당으로 변환시켜 단맛을 내고, 프로테아제는 단백질을 아미노산으로 분해하고, 리파아제는 지방을 지방산과 글리코겐으로 분해해 장 건강에도 효과적입니다.

누룩은 몇 년 전까지만 해도 시중에서 구하기가 쉽지 않았지만, 요즘은 인터넷 쇼핑도 가능해졌습니다. 누룩만 있으면 계절과 시간의 제약 없이 언제든 원하는 만큼의 발효조미료를 만들 수 있습니다. 엄마의 장맛이 그리울 때, 누룩으로 나만의 발효조미료를 만들어보세요. 면역력을 쑥쑥 키우는 건강 발효식탁을 차릴 수 있습니다.

누룩 이야기
누룩의 종류

쌀누룩

쌀을 원료로 한 누룩의 총칭이다. 잘 지은 고두밥에 누룩 종균을 넣고 발효시켜 만들며, 어떤 균을 넣는가에 따라 쌀누룩의 맛과 향, 색깔이 달라진다. 주로 백국균 또는 황국균을 넣는데, 책에서는 황국균을 접종한 쌀누룩을 사용하였다. 쌀누룩의 단맛과 감칠맛은 글루타민산을 포함한 아미노산이 생성되면서 만들어진다. 쌀누룩은 쌀 자체의 특유의 향이 없어 깔끔한 맛과 향의 청주, 쌀요구르트, 된장, 간장, 고추장 등의 누룩조미료를 만들기 알맞다. 냉동보관 시 6개월 사용 가능하며, 실온 또는 냉장실에서 해동한다.

현미누룩

현미로 지은 고두밥에 누룩 종균을 넣고 만든다. 현미는 겉껍질이 있어 고두밥을 지을 때 더 오랜 시간 쪄야 하며, 발효시간도 좀 더 필요하다. 발효된 현미누룩은 단맛, 감칠맛 등 쌀누룩과 비슷한 맛이지만 현미 특유의 구수한 맛이 난다. 쌀누룩과 마찬가지로 쌀알 그대로의 형태이며, 전체적으로 갈색에 겉만 흰색으로 감싼 색이다. 약간의 누룩 냄새가 남아 있지만, 발효과정을 거치면서 다양한 향과 맛으로 변화한다. 냉동보관 시 6개월간 사용 가능하며, 사용 전에 실온이나 냉장 해동을 거쳐 손으로 누룩을 비벼 활성화시킨다.

보리누룩

보리를 쪄낸 고두밥에 누룩 종균을 더해 만든다. 쌀누룩, 현미누룩에 비해 짧은 발효시간이 특징. 맛은 쌀누룩과 비슷하며 단맛이 약간 강하다. 장내 지방을 흡착해 배설시키는 풍부한 섬유질의 보리와 누룩의 궁합으로 영양적으로도 훌륭하다. 보리누룩으로 만든 누룩조미료는 단맛이 강하다. 쌀누룩, 현미누룩과 함께 막장, 된장, 간장, 소금, 액젓 등에 넣어 다양한 발효조미료를 만들 수 있는데, 그중에서도 막장, 된장류는 보리누룩과의 궁합이 가장 좋다. 6개월간 냉동보관이 가능하며, 사용 전에 실온이나 냉장 해동을 거쳐 활성화시킨다.

밀누룩

누룩은 술이 발효되는 동안 곡류 즉 호화된 쌀, 보리, 옥수수 등의 전분질을 분해해 포도당으로 만들어주는 발효원으로써, 알코올 발효의 중요한 원료이기도 하다. 이때 가장 많이 사용되는 발효원이 밀누룩이다. 밀누룩은 쌀누룩과 달리 사용 1~2일 전에 햇볕에 살균하고 바람에 냄새를 탈취하는 '법제'라는 과정을 거쳐야 안전한 발효가 가능하다. 쌀누룩에 비해 누룩 냄새가 강하며, 사용하는 밀의 종류에 따라 색도 달라진다. 막걸리, 청주, 소주 등을 만들 수 있고, 어떤 재료를 배합하느냐에 따라 다양한 맛과 향, 색을 띈다.

누룩 이야기

누룩발효조미료 사용법 Q&A

**누룩발효조미료의
기본 공정이 궁금해요.**
──── 누룩발효조미료를 만드는 공정은 간단합니다. 먼저 깨끗한 손으로 누룩을 비벼 열기를 전하고, 소독한 용기에 누룩과 조미료를 함께 넣습니다. 나무숟가락으로 누룩과 조미료를 잘 섞고 공기가 살짝 통하도록 면보를 씌우죠. 여름에는 3~5일, 겨울에는 7~10일간 발효시키면 됩니다. 이때 하루에 한 번씩 저어줍니다.

**쌀누룩, 현미누룩, 보리누룩, 밀누룩…
어떻게 선택하나요?**
──── 주로 쌀누룩, 현미누룩, 보리누룩은 조미료를 만들어 요리에 활용하고, 밀누룩은 술을 만드는데 사용합니다. 이중 가장 대중적인 누룩이 쌀누룩이지요. 쌀누룩은 단맛과 감칠맛이, 현미누룩은 고소한 맛이, 보리누룩은 단맛이 특징입니다. 시판 조미료나 여러 가지 재료에 쌀누룩을 발효시키면 쌀누룩조미료가, 현미누룩을 발효시키면 현미누룩조미료가, 보리누룩을 발효시키면 보리누룩조미료가 완성됩니다. 원하는 누룩을 동량으로 넣고 만들어요.

**누룩발효조미료 공정 시
가장 중요한 것은 무엇인가요?**
──── 소독이 가장 중요합니다. 발효는 좋은 미생물을 번식시키는 일이므로 그 환경이 중요하지요. 보관 용기인 유리병은 꼭 열탕 소독하거나 35도수의 알코올로 소독해주세요. 열탕 소독 시에는 냄비에 병의 절반이 잠길 만큼 찬물을 붓고 병을 거꾸로 세워 중약불에서 5~10분 충분히 끓입니다. 이후 바로 세워 물기를 완전히 말려야 합니다. 스테인리스 소재의 병 뚜껑은 열탕 소독한 물에 20초 정도 담갔다 빼고, 고무패킹이나 플라스틱 뚜껑이라면 알코올 35도 증류주 또는 식품 알코올로 소독합니다.

누룩은 어떻게 보관하나요?
──── 냉동보관이 필수입니다. 누룩은 실온이나 냉장 상태에서도 계속 발효가 진행되므로 반드시 냉동보관해 발효를 잠시 멈춰 있게 해야 합니다. 이후 실온에서 1~2시간, 냉장에서 5~6시간 해동한 뒤 손으로 비벼 사용합니다.

누룩을 손으로 비벼주는 이유는 뭘까요?
──── 잠자고 있던 누룩균을 손의 따뜻한 온도로 깨우는 과정입니다. 누룩균이 활성화될 수 있도록 돕는 일이지요. 조미료에 누룩을 섞고 발효기간 동안 매일 한 차례씩 나무숟가락으로 젓는 것도 중요합니다. 누룩소금, 누룩간장, 누룩액젓, 누룩레몬식초, 막걸리는 발효되는 동안 산소가 주입되는데 그 발효가스를 배출시켜야 누룩균이 제대로 발효할 수 있습니다. 발효기간 동안 병의 뚜껑을 완벽히 밀폐하지 않는 것도 같은 이유입니다.

어떨 때 제대로 발효되지 않나요?
──── 발효조미료 공정에 사용한 도구의 소독이 제대로 되지 않았거나 소금의 양이 부족했을 경우 부패에 의한 곰팡이가 생길 수 있습니다. 분홍색 곰팡이나 검은색에 가까운 곰팡이가 생겼다면 과감히 버리세요.

누룩발효조미료는 어떻게 덜어 쓰나요?
──── 수저로 뜨거나 덜어서 써야 합니다. 이때는 반드시 숟가락의 상태를 확인해야 합니다. 물기가 남아 있는 숟가락이나 다른 양념 재료가 묻은 숟가락은 절대 사용하지 마세요. 가능하면 열탕 소독한 나무숟가락을 사용하는 게 가장 안전합니다.

누룩 이야기

누룩발효조미료로 만든 요리의 특징

저염식이 가능해요.

─── 누룩발효조미료는 발효과정을 거치면서 전분은 당으로, 단백질은 아미노산으로 바뀌어 단맛과 감칠맛이 돕니다. 조리 시 적은 양만 넣어도 깊은 맛이 나는 이유지요. 또한 누룩소금은 일반 소금의 비해 염도가 1/3로 낮아 저염식을 만들기 용이합니다. 다른 누룩발효조미료들도 저염식으로 알맞습니다.

음식의 감칠맛을 높여줘요.

─── 누룩발효조미료의 특징 중 하나는 감칠맛입니다. 누룩으로 만든 조미료의 감칠맛은 일반 화학조미료와 달리 발효를 통해 얻어진 자연의 깊은 맛이 나지요. 침샘 분비를 촉진시켜 소화 기능을 강화시키는 것도 특별합니다.

장내 유익균을 높여 면역력을 키워줘요.

─── 장은 제2의 뇌라는 말이 있습니다. 그만큼 장 건강이 중요하다는 얘기지요. 체내 면역세포의 약 70% 정도가 장에 분포하는 만큼 장 건강을 지켜주는 장내 유익균은 반드시 필요합니다. 누룩을 이용한 누룩조미료는 장내 유익균을 증가시켜 장의 환경을 좋게 만듭니다.

식재료의 소비기한을 늘려줘요.

─── 누룩발효조미료는 발효과정을 거치면서 좋은 미생물의 수를 증가시켜 부패균이 생기는 것을 방지합니다. 발효로 인해 생긴 누룩산, 유산, 초산, 알코올은 멸균 작용이 있어 식재료의 부패를 방지해주지요. 냉장실에 계속 잠자고 있던 식재료가 있다면 누룩발효조미료를 발라 재우거나 절임을 해두세요. 식재료를 좀 더 오랫동안 사용할 수 있습니다.

많은 조미료가 필요치 않아요.

─── 누룩발효조미료는 발효 시 여러 가지 복합적인 맛이 더해져 다른 여러 양념 없이도 깊은 맛을 낼 수 있습니다. 갖가지 양념을 넣을 필요가 없어 쉽고 빠른 요리가 가능하지요. 누룩소금에 참기름, 송송 썬 쪽파만 넣어도 맛있고 건강한 발효소스를 만들 수 있습니다. 간단한 고기 기름장으로, 나물무침 소스로, 절임 소스로 활용합니다.

육질이 부드러워져요.

─── 누룩이 생산하는 프로테아제 효소가 동물성 단백질을 분해합니다. 누룩이 들어간 조미료는 고기의 육질을 부드럽게 만들지요. 간단히 삼겹살이나 닭다리살 등에 누룩소금을 바르거나 버무려두면 부드러운 육질을 맛볼 수 있습니다.

고기 누린내, 생선 비린내가 잡혀요.

─── 발효과정을 거친 누룩발효조미료로 고기요리와 생선요리를 만드세요. 누룩조미료가 고기나 생선의 단백질을 아미노산으로, 지방을 저분자 지방으로 가수분해해 고기나 생선의 냄새를 잡아줍니다. 일반 조미료와 비교해 사용하면 그 차이를 확실히 느낄 수 있어요.

시간이 흐르면서 계속 맛이 깊어져요.

─── 누룩은 살아 있는 미생물이므로 발효 기간이 끝난 뒤에도 천천히 발효가 진행되어 맛도 조금씩 깊어집니다. 하지만 너무 오랜 기간 동안 보관하면 그 맛도 변질될 수 있으니 주의해야 합니다.

누룩 이야기

슬기로운 누룩생활 준비물

누룩
반드시 냉동보관한다. 누룩은 냉장보관 중에도 발효가 계속 진행되므로, 냉동보관해두고 실온이나 냉장 상태에서 해동해 사용한다. 냉동보관 시 6개월간 사용 가능하다.

스테인리스볼 또는 유리볼
누룩을 손으로 비벼주거나 다른 재료와 섞을 때 필요한 도구이다. 스테인리스나 유리 소재의 볼을 사용하며, 사용 전에 반드시 소독한다.

나무숟가락
발효조미료는 염분이나 산 성분이 많을 수 있어 나무숟가락을 사용하는 게 안전하다. 사용 후에는 깨끗이 닦아 물기 없이 잘 말려 보관한다.

유리병
발효 용기로 사용한다. 발효 용기는 소독이 가장 중요하므로 반드시 열탕 소독을 마친 후 물기를 완벽히 제거해서 사용한다. 물기가 남아 있으면 부패가 진행되기 쉽다.

면보
조미료에 누룩을 넣고 발효과정을 거치는 동안에 사용한다. 병의 입구에 면보를 덮어두면 발효 시 생기는 가스가 자연스레 배출된다. 깨끗이 삶거나 빨아 말린 면보를 사용한다.

끈
면보를 씌운 후 고정할 때 사용한다. 고무줄, 노끈 등 집에 있는 어떤 끈이든 상관없다.

누룩 이야기

누룩발효조미료의 보관기간

누룩조미료	발효방법 / 기간	보관방법 / 기간
누룩소금	실온발효 여름 3~5일 / 겨울 7~10일	냉장보관 6개월 이상
누룩간장	실온발효 여름 3~5일 / 겨울 7~10일	냉장보관 6개월 이상
누룩고추장	실온발효 3일	냉장보관 6개월 이상
누룩액젓	실온발효 여름 3~5일 / 겨울 7~10일	냉장보관 6개월 이상
누룩맛된장	실온발효 7일	냉장보관 6개월 이상
누룩미소된장	실온발효 3~6개월	냉장보관 6개월 이상
누룩레몬식초	실온발효 7일	냉장보관 6개월 이상
누룩요구르트	발효기 8시간	냉장보관 5일 / 냉동보관 1개월
두부치즈	냉장발효 3~5일	냉장보관 7일
쌀막걸리	실온발효 10일	냉장보관 7일

책에 소개한 발효조미료는 쌀누룩을 기본으로 만들었습니다.
쌀누룩 외에 현미누룩, 보리누룩 중 원하는 누룩을 동량으로 대체해도 좋습니다.
10~11 페이지 <누룩의 종류> 내용을 참고하여 누룩을 선택하세요.

쌀누룩·현미누룩·보리누룩·밀누룩으로 만드는

발효조미료 10

누룩소금을 만들다 | 누룩간장을 만들다 | 누룩고추장을 만들다 | 누룩액젓을 만들다 |
누룩맛된장을 만들다 | 누룩미소된장을 만들다 | 두부치즈를 만들다 | 누룩요구르트를 만들다 |
누룩레몬식초를 만들다 | 쌀막걸리를 만들다

누룩소금을 만들다

발효기간 실온발효 여름 3~5일 / 겨울 7~10일
보관방법 냉장보관 6개월

누룩, 소금, 물 세 가지 재료로 만드는 발효소금입니다. 요리에서 빠지지 않는 조미료인 소금을 누룩(쌀누룩·현미누룩·보리누룩)으로 발효시켜 보세요. 일반 소금에서는 맛볼 수 없는 단맛과 감칠맛이 가득해집니다. 고기요리에 사용하면 누룩 속 프로테아제 효소가 동물성 단백질을 분해시켜 육질이 부드러워지죠. 고기와 생선의 잡내도 잡아줍니다. 활용도 높은 발효조미료입니다.

누룩소금

500g 분량

쌀누룩 200g
또는 현미누룩/보리누룩
끓여 식힌 물 220ml
소금 80g

1. 냄비 또는 주전자에 물을 팔팔 끓여 30℃ 정도로 미지근하게 식히거나 완전히 식힌다.
2. 쌀누룩을 5~10분간 손으로 비벼준다. 냉동 쌀누룩은 실온에서 1~2시간, 냉장실에서 5~6시간 해동 후 사용한다.
3. 소독한 용기에 ①의 식힌 물과 소금을 넣고 저어서 소금을 최대한 녹인다.
4. ③의 소금물에 손으로 비벼둔 쌀누룩을 넣고 골고루 섞이도록 나무숟가락으로 젓는다.
5. 완전히 밀폐되지 않도록 뚜껑을 살짝 덮거나 면보를 덮어 끈으로 묶는다.
6. 하루에 한 번씩 저어가며 여름에는 3~5일, 겨울에는 7~10일간 실온에서 발효시킨다.
7. 쌀누룩의 알갱이가 1/3 크기로 뭉그러지면 발효를 멈춘다.
8. 발효가 끝난 누룩소금은 그대로 또는 곱게 갈아 소독한 용기에 담아 냉장보관한다.

누룩간장을 만들다

발효기간 실온발효 여름 3~5일 / 겨울 7~10일
보관방법 냉장보관 6개월 이상

간장은 메주를 소금물에 넣어 발효시킨 후 액체만 걸러 만듭니다. 간장에 누룩(쌀누룩·현미누룩·보리누룩)을 혼합해 발효과정을 거치면 누룩간장이 되지요. 발효 중 아미노산과 당이 생성되어 짠맛의 간장에 누룩의 단맛이 더해져 감칠맛 도는 간장이 완성됩니다. 짠맛이 강한 한식간장이나 양조간장 등 종류 상관없이 누룩간장을 만들 수 있어요.

쌀누룩 200g
또는 현미누룩/보리누룩
간장 250ml

1 쌀누룩을 5~10분간 손으로 비벼준다. 냉동 쌀누룩은 실온에서 1~2시간, 냉장실에서 5~6시간 해동 후 사용한다.

2 소독한 용기에 간장과 쌀누룩을 넣는다.

3 간장과 쌀누룩이 잘 섞이도록 나무숟가락으로 젓는다.

4 뚜껑을 살짝 덮거나 면보를 덮어 끈으로 묶는다.

5 여름에는 3~5일, 겨울에는 7~10일간 실온에서 발효시키면서 하루에 한 번씩 젓는다. 쌀누룩의 알갱이가 1/3 크기로 뭉그러지면 발효를 멈춘다.

6 발효가 끝난 누룩간장은 그대로 또는 곱게 갈아 소독한 용기에 담아 냉장보관한다.

누룩고추장을 만들다

발효기간 실온발효 3일
보관방법 냉장보관 6개월 이상

우리가 알고 있는 고추장은 고추장용 메주가루로 만들지요. 메주가루 대신 간장에 누룩(쌀누룩·현미누룩·보리누룩)을 넣고 발효시킨 뒤 부재료를 더해 누룩고추장을 만듭니다. 짧은 시간에 발효시켜 맛있게 바로 먹을 수 있는 고추장이죠. 단호박, 마늘, 대추 등 취향에 맞는 재료를 추가해 나만의 고추장 레시피를 완성해보세요. 시판 고추장과는 확실히 다른 맛을 느낄 수 있어요.

750g 분량

쌀누룩 100g
또는 현미누룩/보리누룩
간장 250ml

양념
고추장용 고운
고춧가루 2와1/4컵
누룩소금 3큰술
매실청 2/3컵
조청 1/2컵
청주 1/4컵

1. 쌀누룩을 5~10분간 손으로 비벼준다. 냉동 쌀누룩은 실온에서 1~2시간, 냉장실에서 5~6시간 해동 후 사용한다.
2. 소독한 용기에 간장과 쌀누룩을 넣고 섞는다.
3. 완전히 밀폐되지 않도록 뚜껑을 살짝 덮거나 면보를 덮어 끈으로 묶는다.
4. 3일간 실온에서 발효시키면서 하루에 한 번씩 젓는다. 쌀누룩의 알갱이가 1/3 크기로 뭉그러지면 발효를 멈춘다.
5. 발효가 끝난 누룩간장은 핸드믹서로 곱게 간다.
6. 곱게 간 누룩간장과 양념 재료를 잘 섞는다.
7. 소독한 용기에 꾹꾹 담아 냉장보관한다.

누룩액젓을 만들다

발효기간 실온발효 여름 3~5일 / 겨울 7~10일
보관방법 냉장보관 6개월 이상

액젓은 생선에 소금을 뿌려 발효 숙성시킨 후 상층액을 여과해 만듭니다. 시판 액젓에 누룩(쌀누룩·현미누룩·보리누룩)을 더해 발효시키면 누룩의 단맛이 퍼지면서 생선액젓 특유의 비린 맛이 줄고 맛도 풍성해집니다. 간단한 겉절이부터 김치, 국물요리, 파스타 등 다양한 요리에 누룩으로 만든 누룩액젓을 사용해보세요. 깊은 맛에 깜짝 놀랄 거예요.

누룩액젓

600ml 분량

쌀누룩 200g
또는 현미누룩/보리누룩
멸치액젓 400ml

1. 쌀누룩을 5~10분간 손으로 비벼준다. 냉동 쌀누룩은 실온에서 1~2시간, 냉장실에서 5~6시간 해동 후 사용한다.
2. 소독한 용기에 멸치액젓과 쌀누룩을 넣는다.
3. 멸치액젓과 쌀누룩이 잘 섞이도록 나무숟가락으로 젓는다.
4. 완전히 밀폐되지 않도록 뚜껑을 살짝 덮거나 면보를 덮어 끈으로 묶는다.
5. 여름에는 3~5일, 겨울에는 7~10일간 실온에서 발효시킨다. 하루에 한 번씩 젓다가 쌀누룩의 알갱이가 1/3 크기로 뭉그러지면 발효를 멈춘다.
6. 발효가 끝난 누룩액젓은 그대로 또는 곱게 갈아 소독한 용기에 담아 냉장보관한다.
7. 냉장보관해두고 덜어서 사용한다.

누룩맛된장을 만들다

발효기간 실온발효 7일
보관방법 냉장보관 6개월 이상

된장을 집에서 만들기란 쉽지 않지요. 메주에 소금물을 넣어 발효시켜 간장을 걸러낸 후 남은 메주에 각종 재료를 섞어 완성하기까지 오랜 시간과 공력이 필요합니다. 시판 막장용 메주에 누룩(쌀누룩·현미누룩·보리누룩)과 국간장을 섞어 발효시킨 후 부재료를 더해 누룩맛된장을 만들어보세요. 된장찌개, 쌈장, 강된장 등 된장이 들어가는 요리 어디에나 잘 어울려요.

(1kg 분량)

쌀누룩 200g
또는 현미누룩/보리누룩
막장용 메주 200g
국간장 600ml

양념

고춧가루 5큰술
고추씨가루 4큰술
볶은 콩가루 3큰술
버섯가루 2큰술
새우가루 2큰술
다시마가루 2/3큰술
청주 2큰술
조청 2/3컵

1 쌀누룩을 5~10분간 손으로 비벼준다. 냉동 쌀누룩은 실온에서 1~2시간, 냉장실에서 5~6시간 해동 후 사용한다.
2 소독한 용기에 쌀누룩과 막장용 메주, 국간장을 넣는다.
3 재료가 잘 섞이도록 나무숟가락으로 젓는다.
4 완전히 밀폐되지 않도록 뚜껑을 살짝 덮거나 면보를 덮어 끈으로 묶어 실온에서 1주일간 발효시킨다. 하루에 한 번씩 젓다가 쌀누룩의 알갱이가 1/3 크기로 뭉그러지면 발효를 멈춘다.
5 발효가 끝난 누룩된장은 깨끗한 볼에 넣고 핸드믹서로 간다.
6 ⑤에 양념 재료를 넣고 나무숟가락으로 섞어 맛된장을 만든다.
7 소독한 용기에 꾹꾹 담아 냉장보관한다.

누룩미소된장을 만들다

발효기간 실온발효 3~6개월
보관방법 냉장보관 6개월 이상

누룩미소된장을 집에서 만들 수 있을까? 누룩과 콩, 소금만 있다면 누구나 만들 수 있습니다. 콩을 푹 삶아 으깨어 누룩(쌀누룩·현미누룩·보리누룩)과 소금을 섞고 치대어 발효시키면 완성입니다. 누룩맛된장에 비해 발효되어 맛이 들기까지 시간이 좀 더 필요하지요. 누룩 속 효소의 영향으로 일반 된장과 달리 짠맛은 줄고 단맛이 살아납니다. 샐러드드레싱, 국, 절임 등에 활용하세요.

누룩미소된장

750g 분량

쌀누룩 300g
또는 현미누룩/보리누룩
메주콩(백태콩) 200g
소금 60g
다시마 10×10cm 1장
물 2컵

1. 메주콩은 깨끗이 씻어 잠길 정도의 물을 붓고 8~10시간 동안 불린다.
2. 압력솥에 불린 메주콩과 물 2컵을 넣고 센불에서 삶다가 추가 흔들리면 중약불로 줄여 20분, 약불로 10분 더 삶는다. 콩 삶은 물을 버리지 말고 둔다.
3. 삶은 메주콩은 곱게 갈거나 포테이토 라이서를 이용해 곱게 으깨 식힌다.
4. 볼에 으깬 메주콩과 쌀누룩, 소금, ②의 콩 삶은 물 3~4큰술을 넣는다.
5. 손으로 재료가 골고루 섞이도록 버무린다.
6. ⑤를 크게 3개의 덩어리로 나누어 둥근 모양으로 빚는다.
7. 소독한 용기에 덩어리 1개를 던지듯 넣어 공기가 들어가지 않도록 꾹꾹 눌러 담는다. 나머지 덩어리 2개도 같은 방법으로 담는다.
8. 그 위에 다시마를 올린 뒤 뚜껑을 덮고 3~6개월 실온에서 발효시킨다.
9. 미소된장의 색이 진해지고 쌀누룩의 알갱이가 뭉그러지기 시작하면 발효를 멈추고 냉장보관한다.

누룩레몬식초를 만들다

발효기간 실온발효 7일
보관방법 냉장보관 6개월 이상

요리의 맛을 살려주는 식초도 누룩을 활용해 자연식으로 만들 수 있습니다. 식초에 누룩(쌀누룩·현미누룩·보리누룩)과 레몬을 넣고 발효시키면 손쉽게 누룩레몬식초가 완성되지요. 누룩이 발효되면서 단맛과 감칠맛을 내어 일반 식초에 비해 더 부드럽습니다. 맛과 향이 풍부한 천연식초로 만드는 것을 추천합니다.

450ml 분량

쌀누룩 100g
또는 현미누룩/보리누룩
천연 현미식초 300ml
레몬 1/2개

1. 쌀누룩을 5~10분간 손으로 비벼준다. 냉동 쌀누룩은 실온에서 1~2시간, 냉장실에서 5~6시간 해동 후 사용한다.
2. 레몬은 깨끗이 씻은 후 0.5cm 두께로 슬라이스한다.
3. 소독한 용기에 쌀누룩과 레몬 슬라이스, 현미식초를 넣는다.
4. 재료가 잘 섞이도록 나무숟가락으로 젓는다.
5. 완전히 밀폐되지 않도록 뚜껑을 살짝 덮거나 면보를 덮어 끈으로 묶어 실온에서 7일간 발효시킨다.
6. 하루에 한 번씩 젓다가 쌀누룩의 알갱이가 1/3크기로 뭉그러지면 발효를 멈추고 냉장실에서 보관한다.

두부치즈를 만들다

발효기간 냉장발효 3~5일
보관방법 냉장보관 7일

누룩소금으로 만드는 초간단 식물성 두부치즈입니다. 두부에 누룩소금만 발라도 맛있는 두부치즈가 만들어져요. 우유에 젓산균을 넣어 카제인 단백질을 응고, 발효시킨 일반 치즈와 달리 두부치즈는 누룩 속 프로테아제 효소로 단백질을 분해해 만듭니다. 두부의 단백질이 분해, 발효되면서 치즈의 풍미와 질감이 완성되지요. 두부의 수분을 최대한 빼고 발효시켜야 완성도가 높아집니다.

250g 분량

누룩소금 30g
두부 1모(280g)

1. 두부를 체반 용기에 넣거나 체에 밭친다.
2. 두부 위에 무거운 것을 올려 6시간 정도 충분히 물기를 뺀다.
3. 물기가 빠진 두부는 키친타월로 감싸 한 번 더 수분을 제거한 후 누룩소금을 바른다.
4. 두부의 측면도 빼놓지 않고 누룩소금을 꼼꼼히 바른다.
5. ④의 두부를 다시 체반 용기에 넣고 뚜껑을 덮는다.
6. 용기 그대로 냉장실에 두고 3~5일간 발효시킨다. 두부 표면에 수분이 빠진 느낌이 들면 발효를 멈춘다.
7. 발효과정 중 두부에서 나오는 물을 따라 버리고 냉장보관한다.

누룩요구르트를 만들다

발효기간 발효기 8시간
보관방법 냉장보관 5일, 냉동보관 1개월

누룩(쌀누룩·현미누룩·보리누룩)에 진밥을 섞어 50~60℃의 온도에서 발효시킨 누룩요구르트입니다. 누룩 속 효소가 60℃에서 촉매반응을 일으키면서 진밥의 전분을 당으로 바꾸어주지요. 새콤하면서도 달달한 맛으로 과일주스, 디저트, 김치 등 단맛이 필요한 요리에 활용하면 맛이 더욱 살아납니다. 발효기가 없다면 전기밥솥을 보온기능에 맞추고 뚜껑을 연 채로 8시간 정도 발효시켜주세요. 밥솥의 뚜껑을 덮으면 온도가 높아져 누룩의 균이 죽고 신맛이 강해져요. 진밥으로 지은 현미밥, 멥쌀밥, 보리밥으로 만들 수 있으며, 책에서는 찰현미밥으로 현미요구르트를 만들어봅니다.

(1.5 kg 분량)

쌀누룩 500g
또는 현미누룩/보리누룩
찰현미 100g
물 5컵

1 찰현미는 씻은 후 잠길 정도의 물을 붓고 6시간 동안 불린다.
2 전기압력솥에 찰현미와 물 2컵을 넣어 현미진밥을 짓는다.
3 현미진밥이 완성되면 솥째 꺼내어 식힌다.
4 쌀누룩을 5~10분간 손으로 비벼준다. 냉동 쌀누룩은 실온에서 1~2시간, 냉장실에서 5~6시간 해동 후 사용한다.
5 발효기에 쌀누룩, 찰현미밥, 물 3컵을 넣고 나무숟가락으로 섞는다.
6 발효기의 온도를 50~60℃로 설정하고 8시간 동안 발효시킨다. 쌀누룩의 알갱이가 1/3 크기로 뭉그러지거나, 맛을 보았을 때 단맛과 신맛이 적당히 올라오면 발효를 멈춘다.
7 소독한 용기에 담아 냉장보관한다. 장기보관 시 냉동보관한다.

쌀막걸리를 만들다

발효기간 실온발효 10일
보관방법 냉장보관 7일

막걸리는 찹쌀, 멥쌀 등을 쪄서 누룩과 물을 섞어 발효시킨 우리나라 고유의 술입니다. 요즘에는 집에서 직접 만들어 즐기는 이들도 늘고 있지요. 깨끗이 씻은 쌀을 불렸다가 고두밥을 지어 누룩과 물을 섞고 열흘을 기다리면 진한 막걸리를 맛볼 수 있습니다. 커다란 항아리가 아니더라도 집에 있는 유리병에 조금씩 만들어 즐겨보세요. 막걸리가 너무 진하면 물을 섞고, 단맛을 원하면 설탕을 추가해요. 제철과일을 추가해 만들어도 좋습니다.

쌀막걸리

2ℓ 분량

밀누룩 250g
찹쌀 또는 멥쌀 1kg
물 7과1/2컵

1. 밀누룩은 햇볕과 바람이 잘 통하는 곳에 1~2일간 법제하여 잡균과 잡내를 없앤다.
2. 쌀은 맑은 물이 나올 때까지 씻어 3시간 이상 불렸다가 체에 밭쳐 30분 동안 물기를 뺀다.
3. 찜기에 면보를 깔고 그 위에 불린 쌀을 올린다. 김이 잘 올라올 수 있도록 손가락으로 구멍을 낸다.
4. 김이 오르기 시작하면 중불로 50분 찌고 약불로 10분간 뜸들여 고두밥을 짓는다.
5. 완성한 고두밥은 넓은 쟁반에 펼쳐 30분~1시간 동안 식힌다.
6. 볼에 식은 고두밥과 밀누룩, 물을 넣는다.
7. 밥알과 밀누룩에 물기가 느껴질 때까지 손으로 조심히 섞는다.
8. 소독한 용기에 붓고 면보로 병 입구를 감싸 25℃ 정도의 실온에서 약 10일간 발효시킨다.
9. 첫 3일간은 하루에 한 번씩 나무숟가락으로 저어주고, 이후 5~7일은 그대로 두고 발효시킨다. 보글보글 끓어오르던 기포가 더이상 올라오지 않고 층이 분리되면 발효를 멈춘다.
10. 체에 면보를 깔고 발효시킨 막걸리를 붓는다.
11. 손으로 꼭 짜서 소독한 용기에 부은 후 냉장실에서 1~2일 숙성시켜 즐긴다.

누룩소금으로 만들다

누룩삼겹살구이와 파채무침
들기름김페스토파스타
닭다리살채소오븐BBQ
누룩무매실청절임
감자브로콜리수프
바지락맑은스튜

두부치즈로 만들다

카레소스와 두부치즈볼
시금치두부치즈무침
매콤가지볶음
두부치즈짜박이
채소두부치즈 돌돌 라자냐
시나몬사과피자

PART 01

누룩소금과 두부치즈로
만든 요리

누룩소금으로 마리네이드하다
누룩삼겹살구이와 파채무침

삼겹살에 누룩소금을 발라 숙성시킨 메뉴예요. 간이 잘 배지 않는 두툼한 삼겹살을 누룩소금에 재웠다가 요리하면 육질도 부드럽고 풍미도 좋아지죠. 구운 삼겹살에 매콤달콤한 파채무침이 찰떡궁합입니다.

삼겹살 400g
파채 2줌 (100g)
쌀누룩소금 2작은술
후춧가루 약간

무침 양념

매실청 2큰술
고춧가루 1큰술
참치액젓 1큰술
참기름 1큰술
식초 1/2큰술
맛술 1작은술

recipe

1 삼겹살 앞뒤로 쌀누룩소금을 바른 후 후춧가루를 뿌려 냉장실에서 하루 동안 마리네이드한다.

2 볼에 무침 양념 재료를 섞어 파채를 버무린다.

3 달군 팬에 쌀누룩소금에 재운 삼겹살을 올려 중약불로 노릇하게 구워 먹기 좋은 크기로 자른다.

4 접시에 삼겹살구이와 파채무침을 곁들인다.

Tip **누룩소금의 양을 가감해요.**
고기에 누룩소금을 바를 때는 고기의 두께를 고려해요. 대패삼겹살처럼 두께가 얇은 고기는 누룩소금의 양을 줄이거나 재우는 시간을 줄여요.

누룩소금으로 페스토를 만들다

들기름김페스토파스타

카펠리니를 들기름김페스토에 버무려 매콤한 오징어젓갈과 향긋한 깻잎채와 곁들이는 한국식 파스타입니다. 누룩소금, 김, 들기름으로 만든 들기름김페스토를 파스타소스로 대체했어요.

카펠리니 2줌(140g)
깻잎 10장
청양고추 1/2개
오징어젓갈 4큰술

들기름김페스토
구운 김 3장
마늘 1쪽
들기름 6큰술
쌀누룩소금 1/2큰술
그라노파다노치즈 1큰술
후춧가루 약간

면 삶는 물
굵은 소금 1큰술
물 7과1/2컵

recipe

1. 들기름김페스토를 만든다. 푸드프로세서에 잘게 찢은 구운 김과 나머지 재료를 모두 넣고 곱게 간다.

2. 깻잎은 돌돌 말아 0.5cm 두께로 채썰고, 청양고추는 0.3cm 폭으로 송송 썬다. 오징어젓갈은 굵게 다진다.

3. 냄비에 면 삶는 물을 붓고 끓어오르면 카펠리니 면을 넣어 2분간 삶는다. 곧장 얼음물에 헹구어 체에 밭쳐 물기를 뺀다.

4. 삶은 카펠리니 면에 들기름김페스토를 버무려 접시에 담는다. ②의 채소와 오징어젓갈을 올려 완성한다.

Tip 구운 김으로 만들어요.
페스토는 구운 김을 사용해야 비린내가 나지 않아요. 집에 묵은 김이 있다면 반드시 팬에 구워 사용하세요.

누룩소금으로 밑간하다
닭다리살채소오븐 BBQ

집에서 근사한 요리를 즐기고 싶을 때 추천하는 메뉴입니다. 누룩소금과 청주, 다진 마늘, 후춧가루로 밑간한 닭다리살을 오븐에 굽기만 하면 되지요. 과정은 간단하지만 맛을 보면 놀랄 만한 요리예요. 오븐은 220℃로 예열해요.

닭다리살 500g
감자 1개
옥수수 1개
당근 1/2개
대파 1대
쌀누룩소금 1/2큰술
올리브유 1큰술
홀그레인 머스터드 1큰술
후춧가루 약간

닭다리살 밑간
쌀누룩소금 1큰술
청주 1큰술
다진 마늘 1/2큰술
후춧가루 약간

recipe

1 닭다리살은 밑간에 버무려 3시간 정도 재운다.

2 감자는 4등분, 옥수수는 3등분하고, 당근은 7cm 길이의 스틱모양으로 자른다. 대파도 7cm 길이로 잘라 준비한다.

3 준비한 채소에 쌀누룩소금과 올리브유, 후춧가루를 버무린다.

4 오븐 팬에 종이포일을 깔고 밑간에 재운 닭다리살과 ③을 올려 감싼 후 220℃로 예열한 오븐에서 10분간 굽는다.

5 ④를 오븐에서 꺼내어 종이포일만 열어두고 그대로 다시 220℃의 오븐에 넣어 10~15분간 굽는다.

6 접시에 구운 닭다리살과 감자, 옥수수, 당근, 대파를 올린 뒤 홀그레인 머스터드를 곁들인다.

Tip 누룩소금에 허브를 더해도 좋아요.
닭다리살 밑간에 허브를 넣어도 좋습니다. 누룩소금에 허브의 향이 배이면서 풍미가 더욱 높아지죠. 로즈마리, 타임 등의 허브를 추천해요.

누룩소금에 절이다
누룩무매실청절임

매실청과 누룩소금으로 만든 새콤달콤 무절임입니다. 누구나 쉽게 따라할 수 있는 레시피지요. 고춧가루와 참기름으로 살짝 무쳐도 맛있습니다. 김밥 단무지 대용으로도 추천해요.

무 2.5cm 1토막(300g)
홍고추 1/2개
매실 건지 3개

절임
매실청 3큰술
식초 3큰술
쌀누룩소금 1큰술
설탕 1큰술

recipe

1 무는 0.5cm 두께로 썰고, 홍고추는 반 갈라 매실 건지와 함께 0.3cm 두께로 채썬다.
2 볼에 절임 재료를 넣고 설탕이 녹을 때까지 섞는다.
3 ②에 준비한 무, 채썬 홍고추와 매실 건지를 버무린다.
4 냉장실에 하루 동안 맛이 들도록 두었다 즐긴다.

Tip 설탕이 녹을 때까지 섞어요.
누룩소금, 매실청, 설탕, 식초가 잘 섞이도록 저어주세요. 설탕이 녹을 정도로 저어야 무에 맛이 잘 들어 빠르게 무절임이 완성됩니다.

누룩소금으로 간하다
감자브로콜리수프

담백하면서도 은은한 단맛의 수프예요. 누룩소금으로 간을 맞추어 감칠맛을 더했지요. 아침이나 저녁에 부담 없이 즐기기 좋아요.

recipe

감자 1개
브로콜리 1/3개
양파 1/4개
마늘 1쪽
무염버터 1큰술
올리브유 1/2큰술
우유 3컵
쌀누룩소금 2/3큰술
후춧가루 약간
얇게 썬 빵 4조각
송송 썬 쪽파 1큰술

1. 감자와 브로콜리, 양파는 0.3cm 두께로 채썰거나 슬라이스한다. 마늘은 칼등으로 으깬다.

2. 중약불로 달군 팬에 버터와 올리브유를 넣고 버터가 녹으면 양파와 마늘을 노릇하게 볶는다. 감자, 브로콜리도 넣고 볶다가 우유를 부어 약불로 끓인다.

3. 채소가 모두 익으면 불을 끄고 핸드믹서로 간 후 쌀누룩소금과 후춧가루로 간한다.

4. 수프 위에 빵과 송송 썬 쪽파를 얹어낸다.

Tip 눌러붙지 않게 저어가며 끓여요.
수프를 끓일 때는 중간중간 저어주세요. 냄비 바닥에 수프가 눌러붙어 탈 수 있답니다.

누룩소금으로 간하다

바지락맑은스튜

바지락, 마늘, 페페론치노, 누룩소금만 있다면 근사한 스튜를 만들 수 있습니다. 바지락의 시원한 맛과 누룩소금의 감칠맛, 짠맛이 스튜의 맛을 한층 높여줘요.

recipe

바지락 1kg
마늘 10쪽
페페론치노 5개
올리브유 2큰술
화이트와인 1/4컵
물 2와1/2컵
쌀누룩소금 1/2작은술
후춧가루 약간

1. 바지락은 굵은 소금 1큰술(분량 외)을 푼 소금물에 잠길 만큼 담고 검은색 비닐봉지나 뚜껑을 덮어 1시간 동안 해감해 헹군다.
2. 마늘은 0.5cm 두께로 편썰고, 페페론치노는 반으로 자른다.
3. 중약불로 달군 팬에 올리브유를 두르고, 편썬 마늘을 노릇하게 볶다가 페페론치노를 넣고 볶는다.
4. ③에 해감한 바지락과 화이트와인을 넣고 알코올이 날아갈 때까지 볶은 후 물을 붓고 뚜껑을 덮어 중불로 끓인다.
5. 바지락 입이 벌어지면 쌀누룩소금과 후춧가루로 간한다.

두부치즈로 반죽하다
카레소스와 두부치즈볼

부드러운 두부치즈에 다진 채소를 섞어 바삭하게 튀겼습니다. 두부치즈의 고소한 맛과 채소의 식감, 생크림카레소스의 진한 맛까지 입안이 즐거워지죠. 아이 간식, 와인과 맥주 안주로도 좋아요.

두부치즈 2/3모(210g)
당근 1/6개
양파 1/6개
표고버섯 1개
올리브유 1/2큰술
후춧가루 약간
빵가루 3큰술
감자전분 2큰술
이태리파슬리 2줄기
식용유 2컵

튀김옷
밀가루 1/3컵
빵가루 1/2컵
달걀물 1개분

생크림카레소스
생크림 1컵
카레가루 1큰술
다진 양파 1큰술
굵게 다진 마늘 1/2큰술
올리브유 1/2큰술

recipe

1. 당근과 양파, 표고버섯은 곱게 다진다.
2. 팬에 올리브유 1/2큰술을 두르고 곱게 다진 당근과 양파, 표고버섯을 후춧가루를 뿌려가며 노릇하게 볶는다.
3. 볼에 ②의 볶은 채소와 빵가루, 감자전분을 섞은 후 동그랗게 모양을 잡아 두부치즈볼을 만든다.
4. 두부치즈볼을 밀가루 → 달걀물 → 빵가루 순으로 묻힌다.
5. 식용유 2컵을 170℃로 달구어 ④의 튀김옷을 입힌 두부치즈볼을 노릇하게 튀긴다.
6. 생크림카레소스를 만든다. 중약불로 달군 팬에 올리브유를 두른 후 다진 양파와 마늘을 노릇하게 볶고 생크림, 카레가루를 섞어 소스를 완성한다.
7. 접시에 ⑥의 생크림카레소스를 붓고 그 위에 튀긴 두부치즈볼을 올리고 이태리파슬리잎으로 세팅한다.

Tip **두부치즈의 수분은 최대한 제거해요.**
두부치즈에 수분이 많으면 튀길 때 모양이 흐트러지거나 부서지기 쉬워요. 두부치즈와 채소의 수분을 최대한 제거해야 모양이 유지되어요.

두부치즈를 무치다

시금치두부치즈무침

보통 시금치에 두부를 으깨어 무침을 하죠. 이제 두부치즈로 해보세요. 데친 시금치에 두부치즈를 넣고 약간의 간을 더했을 뿐인데, 지금껏 맛보지 못 한 나물이 완성되지요. 고소한 두부치즈가 향긋한 시금치를 감싸요.

두부치즈 1/4모(70g)
시금치 1단(500g)
국간장 2작은술
참기름 2작은술

recipe

1 시금치는 끓는 물에 굵은 소금 1/2작은술(분량 외)을 풀어 10초간 뿌리 부분을 데친 뒤 잎까지 넣어 1분간 데친다. 찬물에 헹구어 체에 밭쳐 물기를 뺀다.

2 데친 시금치는 물기를 꽉 짠 후 5cm 길이로 자른다.

3 볼에 ②의 데친 시금치와 두부치즈, 국간장, 참기름을 넣고 버무린다. 취향에 따라 통깨를 추가해도 좋다.

Tip **두부치즈와 국간장의 양을 조절해요.**
두부치즈는 누룩소금으로 만들어 짠맛에 주의해야 해요. 두부치즈의 양이 늘어나면 국간장의 양은 줄여요. 그래야 무침이 짜지 않고 고소해요.

두부치즈로 고기를 대신하다

매콤가지볶음

수분 없이 구워 쫄깃한 가지와 고소한 두부치즈를 새콤한 양념에 볶은 요리입니다. 밥 위에 올려 덮밥처럼 즐겨도 좋고, 밥반찬으로 내어도 좋지요. 고추기름의 양은 입맛에 따라 가감해요.

두부치즈 1/2모(140g)
가지 1개(130g)
풋고추 1/2개
홍고추 1/2개
양파 1/4개
고추기름 1큰술
소금 약간

양념
간장 1큰술
올리고당 1큰술
고춧가루 1/2큰술
식초 1/2큰술
설탕 1작은술
참기름 1작은술
참치액젓 1/2작은술
다진 마늘 1/2작은술
물 4큰술

recipe

1 가지는 5cm 길이로 잘라 세로로 6등분한다. 고추와 양파는 굵게 다진다.

2 두부치즈는 따로 으깨둔다.

3 볼에 양념 재료를 모두 넣고 섞는다.

4 중약불로 달군 팬에 가지를 올리고 약간의 소금을 뿌려가며 노릇하게 굽는다.

5 다른 팬을 중약불로 달구어 고추기름과 다진 양파를 볶다가 ③의 양념과 구운 가지, 다진 고추, 으깬 두부치즈를 함께 넣고 볶아 완성한다.

Tip **두부치즈는 나중에 넣고 볶아요.**
으깬 두부치즈는 마지막에 넣어야 두부치즈 특유의 부드러운 식감을 맛볼 수 있어요. 고추기름으로 재료를 볶으면 매콤한 감칠맛이 돌아요.

두부치즈를 끓이다

두부치즈짜박이

짜박이는 어릴 적 외할머니가 자주 해주던 요리입니다. 누룩을 연구하며 두부치즈로 무얼 만들까 생각하다 제일 먼저 떠오른 메뉴였죠. 국물 없이 자박하게 졸여낸 칼칼한 양념이 두부치즈와 잘 어울려요.

두부치즈 1모(280g)
양파 1/4개
대파 10cm
청양고추 1/2개
포도씨유 1큰술
들기름 1작은술

양념
고춧가루 1큰술
간장 1큰술
올리고당 1큰술
다진 마늘 1/2큰술
다진 생강 1/3작은술
후춧가루 약간

보리새우육수(1/2컵)
보리새우 1/4컵
다시마 5×5cm 2장
물 1컵

recipe

1 두부치즈는 2cm, 양파는 0.3cm 두께로 각각 썰고, 대파와 청양고추는 0.3cm 두께로 송송 썬다.

2 냄비에 보리새우육수 재료를 넣고 끓어오르면 5분 뒤 다시마만 건진다. 중약불로 10분간 더 끓여 체에 밭친다.

3 볼에 양념 재료를 모두 넣고 섞어둔다.

4 팬에 포도씨유와 들기름을 함께 둘러 중약불에서 두부치즈를 앞뒤 노릇하게 굽는다.

5 ④에 양파, 대파, 청양고추, 보리새우육수, ③의 양념을 모두 넣고 중약불로 자작하게 졸인다.

Tip **두부치즈는 단단하게 구워 사용해요.**
두부치즈는 발효과정에서 단백질이 분해되어 부서지기 쉬워요. 반드시 구워 끓여야 모양이 유지됩니다. 단단하게 만든 뒤 양념에 끓여요.

두부치즈를 돌돌 말다
채소두부치즈 돌돌 라자냐

두부치즈를 넣고 돌돌 말아낸 라자냐입니다. 두부치즈만 있다면 누구나 손쉽게 만들 수 있지요. 리코타치즈의 맛이 느껴져요.

recipe

라자냐 면 6장
토마토소스 2/3컵
모짜렐라치즈 1컵
갈은 페페론치노 1작은술
올리브유 약간
그라노파다노치즈 약간
바질잎 4장

속재료
두부치즈 2/3모(210g)
생크림 3큰술
후춧가루 약간

면 삶는 물
굵은 소금 1큰술
물 7과1/2컵

1. 볼에 속재료를 넣고 만두소를 만들 듯이 으깨가며 섞는다.
2. 냄비에 면 삶는 물을 붓고 끓어오르면 라자냐 면을 넣어 10분간 삶아 건진다. 올리브유를 약간 뿌려둔다.
3. 삶은 라자냐 면을 펴고 ①의 속재료를 올리고 모짜렐라치즈 1/2 분량과 갈은 페페론치노를 뿌려 돌돌 만다.
4. 오븐 용기에 토마토소스 1/2 분량을 바르고 ③의 라자냐 → 남은 토마소소스 → 남은 모짜렐라치즈 순으로 올린다.
5. 200℃로 10분 예열한 오븐에서 10분간 구워낸다.
6. 구운 채소두부치즈 돌돌 라자냐 위에 그라노파다노치즈와 바질잎을 올려 완성한다.

두부치즈를 토핑하다
시나몬사과피자

통밀 토르티아 위에 달콤한 사과와 짭쪼름한 두부치즈를 올려 구운 피자예요. 토르티야를 도우처럼 펼쳐 2단으로 쌓아올렸어요.

2개 분량

통밀 토르티야 4장
두부치즈 1/4모(70g)
사과 1과1/2개
꿀 2큰술
생크림 4큰술
모짜렐라치즈 1컵
고르곤졸라치즈 2큰술
시나몬파우더 약간

recipe

1 사과 1개는 사방 1cm 크기로 썰어 꿀에 버무려 10분간 재운다. 남은 사과는 0.3cm 두께로 얇게 슬라이스한다.

2 볼에 두부치즈를 넣고 으깬다.

3 팬에 꿀에 재운 사과를 넣고 약불에서 수분이 없어질 때까지 뚜껑을 덮고 졸인다.

4 통밀 토르티야 4장에 각각 생크림 1큰술을 바른다. 이후 통밀 토르티야 1장 → 모짜렐라치즈 1/2컵 → 으깬 두부치즈 1/2 분량 → 통밀 토르티야 1장을 올린다.

5 ④에 고르곤졸라치즈 1큰술 → 졸인 사과 1/2 분량 → 사과 슬라이스 1/2 분량 순으로 올린다.

6 ④와 ⑤의 과정을 반복해 피자를 2개 준비한다. 200℃로 10분 예열한 오븐에서 10분간 구워 시나몬파우더를 뿌려낸다.

누룩간장으로 만들다

간장유부볶음김밥
누룩간장버터가자미구이
얼큰대하새우탕
목이버섯토마토샐러드
누룩간장소스 닭윙
깻잎돼지불고기

누룩액젓으로 만들다

배추겉절이와 보쌈
오이송송이
참나물시저샐러드
마늘참치볶음밥
밥새우루꼴라오일파스타
고기소보로액젓쌀국수

PART
02

누룩간장과 누룩액젓으로
만든 요리

누룩간장으로 볶다

간장유부볶음김밥

유부, 오이, 당근으로 만든 삼색 김밥입니다. 누룩간장 양념에 졸이듯 볶은 유부가 김밥의 맛을 한층 높여주지요. 오이와 당근의 아삭한 식감도 매력적입니다. 피크닉을 계획한 휴일에 추천하는 메뉴예요.

밥 2공기(400g)
김밥용 김 4장
오이 1/2개
당근 1/3개
유부 10개
올리브유 1/2큰술
소금 약간

오이절임
식초 1/2큰술
설탕 1작은술
굵은 소금 1/3작은술

유부 양념
쌀누룩간장 1과1/2큰술
올리고당 1과1/2큰술
맛술 1/2큰술
참기름 1작은술
다진 마늘 1/2작은술
물 3큰술
후춧가루 약간

밥 밑간
소금 1/3작은술
참기름 2작은술

recipe

1 오이는 세로로 반 잘라 0.5cm 두께로 썰고, 당근도 같은 두께로 채썬다. 유부는 1cm 폭으로 썰고, 김은 세로로 반 자른다.

2 볼에 오이절임 재료를 섞고 준비한 오이를 버무려 30분간 절인 후 물기를 꽉 짜둔다.

3 중약불로 달군 팬에 올리브유를 두르고 채썬 당근을 약간의 소금을 넣어가며 볶는다.

4 볼에 유부 양념 재료를 섞고 중약불로 달군 팬에서 부르르 끓인다. 유부를 넣고 수분이 없어질 때까지 볶는다.

5 밥에 밑간을 하고 김 위에 펼친 후 오이절임 → 당근볶음 → 유부볶음을 올려 만다. 먹기 좋은 크기로 썰어낸다.

> **Tip 유부 양념은 중약불로 부르르 끓여요.**
> 유부 양념을 먼저 끓일 때는 반드시 중약불을 유지하세요. 누룩조미료는 누룩 속의 전분기의 영향으로 금세 걸쭉해져 타기 쉬워요.

누룩간장에 졸이다
누룩간장버터가자미구이

버터에 구운 감자와 누룩간장 양념에 졸인 가자미가 달콤짭쪼름한 맛의 조화를 이룹니다. 부드러운 가자미살과 고소한 감자를 함께 올려 드세요. 가자미 대신 제철에 맞는 흰살 생선으로 만들어도 좋아요. 와인안주로도 추천합니다.

가자미(中) 2마리
감자 1개
버터 2큰술
올리브유 1/2큰술

양념
쌀누룩간장 1과2/3큰술
올리고당 1과1/2큰술
맛술 1큰술
청주 1/2큰술
다진 마늘 1작은술
물 2큰술
후춧가루 약간

recipe

1 가자미는 지느러미와 비늘을 깨끗이 제거하고, 감자는 0.3cm 두께로 모양대로 썬다.

2 볼에 양념 재료를 모두 넣고 섞어둔다.

3 약불로 달군 팬에 버터 1큰술과 올리브유 1/2큰술을 넣고 버터가 녹으면 감자를 앞뒤 노릇하게 구워 덜어둔다.

4 ③의 팬에 버터 1큰술을 녹여 중불로 가자미를 앞뒤로 노릇하게 구운 뒤, 중약불로 줄여 ②의 양념을 부어 자작하게 졸인다.

5 접시에 구운 감자를 깔고 가자미조림을 올린 후 팬에 남은 양념을 끼얹어 완성한다.

Tip 가자미는 완전히 익혀 양념에 졸여요.
가자미는 일반 생선에 비해 살이 부드러워 구울 때 조심스럽게 뒤집어야 해요. 가자미가 완전히 익은 뒤 양념에 졸여야 살이 부서지지 않아요.

누룩간장으로 양념하다

얼큰대하새우탕

칼칼하고 시원한 해물탕이 그리울 때 찾는 메뉴입니다. 새우의 단맛과 누룩간장의 감칠맛이 만나 해물탕의 깊은 맛이 나지요. 제철 대하로 만들면 더 맛있지만 냉동 새우로 만들어도 맛있는 새우탕을 끓일 수 있습니다.

새우 10마리
무 2.5cm 1토막(300g)
미나리 1/2줌
청양고추 1/2개
대파 10cm

양념
쌀누룩간장 1큰술
고춧가루 2/3큰술
다진 마늘 1작은술
후춧가루 약간
소금 약간

멸치육수(4컵)
멸치 2/3컵
다시마 5×5cm 2장
청주 1/2큰술
물 5컵

recipe

1. 새우는 두 번째 마디에 이쑤시개를 넣어 내장을 제거하고 수염을 자른다.
2. 무는 사방 3cm 크기로 썰고, 미나리는 5cm 길이로 자른다. 청양고추와 대파는 0.5cm 두께로 어슷썬다.
3. 멸치육수를 끓인다. 약불로 달군 냄비에 내장을 제거한 멸치를 볶다가 나머지 육수 재료를 넣고 끓인다. 5분 뒤 다시마는 건지고 중약불로 15분간 더 끓여 체에 거른다.
4. 냄비에 멸치육수, 무를 넣고 중불로 한소끔 끓이다 손질한 새우와 양념 재료, 청양고추, 대파를 넣어 끓인다.
5. 마지막에 미나리를 넣은 후 부족한 간은 소금으로 한다.

Tip **부족한 간은 소금으로 해요.**
누룩간장으로 맛낸 요리의 간이 부족할 때는 소금을 더해요. 간장은 짠맛과 단맛이 다소 강해 소금이나 누룩소금으로 해야 국물 맛이 깔끔해요.

누룩간장으로 드레싱을 만들다

목이버섯토마토샐러드

목이버섯은 보통 중식 식재료로 생각하죠. 목이버섯 특유의 쫄깃한 식감을 살린 샐러드입니다. 짠맛과 단맛, 감칠맛이 어우러진 건강한 맛의 샐러드를 맛보세요.

목이버섯 1/2컵(15g)
샐러드채소 1줌
방울토마토 10개

갈릭드레싱
마늘 10쪽
올리브유 2와1/2큰술
다진 청양고추 1/2큰술
다진 마늘 1작은술
쌀누룩간장 2큰술
꿀 1과1/2큰술
레몬즙 1큰술
화이트비네거 1큰술
맛술 1/2큰술
후춧가루 약간

recipe

1 목이버섯은 물에 30분간 불려 딱딱한 밑동을 잘라내고 먹기 좋은 크기로 썬다.

2 샐러드채소는 깨끗이 씻어 물기를 최대한 제거하고, 마늘은 세로로 반 자른다.

3 팬에 올리브유와 마늘을 넣고 약불에서 노릇하게 볶아 식힌다.

4 볼에 ③의 볶은 마늘과 마늘을 볶은 올리브유, 나머지 드레싱 재료를 모두 섞어 갈릭드레싱을 만든다.

5 방울토마토는 칼끝으로 3~4군데 콕콕 찔러 끓는 물에 10초간 데쳐 찬물에 헹군 뒤 껍질을 벗겨 물기를 제거한다.

6 불린 목이버섯도 끓는 물에 1분 정도 데친 후 찬물에 헹구어 체에 밭쳐 물기를 최대한 뺀다.

7 접시에 데친 목이버섯과 방울토마토, 샐러드채소를 담고 갈릭드레싱을 뿌려 완성한다.

Tip **볶은 마늘로 드레싱을 만들어요.**
누룩간장과 볶은 마늘로 드레싱을 만듭니다. 마늘을 볶고 남은 올리브유도 버리지 말고 드레싱에 넣으면 드레싱의 풍미가 더욱 살아나요.

누룩간장으로 양념하다

누룩간장소스 닭윙

집에서 간단히 만드는 누룩간장소스 닭윙입니다. 닭날개에 칼집을 내어 앞뒤로 잘 튀겨 주면 치킨의 바삭한 식감을 낼 수 있어요.

닭윙 300g
청양고추 1/2개
홍고추 1/2개
대파 10cm
튀김가루 3큰술
감자전분 2큰술
식용유 5큰술

닭윙 밑간
쌀누룩간장 1작은술
청주 1작은술
후춧가루 약간

양념
쌀누룩간장 2큰술
설탕 1큰술
올리고당 1큰술
맛술 1큰술
다진 마늘 1/2큰술
물 2큰술
후춧가루 약간

recipe

1. 닭윙은 칼집내 밑간에 30분간 재운다.
2. 고추와 대파는 0.3cm 두께로 송송 썬다.
3. 볼에 양념 재료를 모두 넣고 섞는다.
4. 튀김가루와 감자전분을 섞어 튀김옷을 만들어 ①의 닭윙 앞뒤 면에 묻힌다.
5. 중불로 달군 팬에 식용유를 붓고 튀김옷 입힌 닭윙을 앞뒤 노릇하게 구워 꺼낸다.
6. ⑤의 팬에 송송 썬 대파를 볶다가 ③의 양념을 넣고 끓어오르면 구운 닭윙과 고추를 버무리듯 섞어낸다.

누룩간장으로 양념하다
깻잎돼지불고기

부드러운 깻잎순을 듬뿍 넣은 돼지불고기입니다. 깻잎의 향긋함과 누룩간장의 감칠맛이 좋은 짝을 이루죠. 쌈과 함께 즐겨도 좋아요.

recipe

돼지고기 앞다리살 300g
양파 1/2개
깻잎순 2줌
올리브유 1큰술

양념

쌀누룩간장 2와2/3큰술
다진 파 2큰술
다진 마늘 1큰술
다진 생강 1/3작은술
올리고당 2큰술
맛술 1큰술
청주 1큰술
참기름 1/2큰술
후춧가루 약간

1 양파는 0.3cm 두께로 썰고, 깻잎순은 큰 잎만 먹기 좋게 썬다.

2 돼지고기는 양념에 조물조물 버무려 30분간 재운다.

3 중불로 달군 팬에 올리브유를 두른 뒤 양파를 볶다가, 양념에 재운 돼지고기를 넣어 익을 때까지 볶는다.

4 마지막에 깻잎순을 넣고 버무리듯 볶아 완성한다.

Tip 돼지고기는 조물조물 버무려 재워요.

양념에 고기를 재울 때는 조물조물 버무렸다가 30분간 두어요. 고기에 양념이 쉽게 배고 육질도 더 부드러워져요.

누룩액젓으로 겉절이하다
배추겉절이와 보쌈

누룩액젓과 누룩소금, 누룩요구르트 누룩 3총사가 활약한 메뉴입니다. 겉절이는 누룩액젓과 누룩요구르트로 양념했죠. 휴일에 온가족이 둘러 앉아 함께 먹어요. 막걸리 한잔 곁들여도 잘 어울립니다.

배추겉절이 recipe

알배추 2/3개(500g)
누룩소금 2큰술
통깨 1작은술

양념
쌀누룩액젓 2큰술
누룩요구르트 5큰술
고춧가루 5큰술
갈은 양파 3큰술
다진 마늘 2큰술
다진 생강 2/3작은술
매실청 1큰술

1. 알배추는 세로로 반 잘라 7cm 길이로 썰고 누룩소금을 뿌려 30분 동안 뒤집어가며 절인다. 체에 밭쳐 수분을 제거한다.
2. 볼에 양념 재료를 모두 넣고 섞은 후 ①의 절인 배추와 통깨를 버무린다.

보쌈 recipe

보쌈용 삼겹살 500g
양파 1개
대파 1대

누룩소금 1/2큰술
청주 1큰술

1. 보쌈용 삼겹살에 누룩소금을 발라 1시간 동안 재운다.
2. 양파는 0.3cm 두께로 채썰고, 대파는 세로로 반 갈라 5cm 길이로 썬다.
3. 찜기에 양파, 대파를 깔고 ①의 삼겹살을 올린 후 청주를 뿌려 중강불에서 30~40분간 찐다.

Tip **수육은 채소의 수분으로 만들어요.**
누룩소금을 바른 삼겹살은 채소와 청주만 넣고 쪄요. 찜기가 없다면 냄비에 채소를 깔고 청주와 적은 양의 물만 넣어 조리해요.

누룩액젓에 버무리다
오이송송이

누룩액젓만 있다면 간단하게 만들 수 있는 맛김치입니다. 사계절 내내 식탁에 오르는 오이를 깍두기처럼 잘라 누룩액젓과 양념에 버무리죠. 아삭아삭~ 밥도둑이 따로 없어요.

오이 2개
영양부추 1/3단(70g)
통깨 1/2작은술

절임
굵은 소금 1작은술
매실청 1작은술

양념
쌀누룩액젓 2/3큰술
고춧가루 2와1/2큰술
갈은 사과 1큰술
올리고당 1큰술
매실청 2/3큰술
다진 마늘 1작은술

recipe

1 오이는 세로로 4등분해 2cm 길이로 썬다. 절임 재료에 20분간 절였다가 체에 밭쳐 물기를 제거한다.

2 영양부추도 2cm 길이로 썬다.

3 볼에 양념 재료를 모두 넣고 섞어둔다.

4 ③에 절인 오이를 버무린다.

5 영양부추와 통깨를 넣고 살살 버무려낸다.

Tip **오이는 반드시 절여 사용해요.**
오이는 수분이 많으니 꼭 절였다가 양념에 버무려주세요. 절임 단계 없이 그대로 만들면 오이에서 수분이 많이 나와 맛이 떨어져요.

누룩액젓으로 드레싱을 만들다

참나물시저샐러드

누룩액젓으로 맛낸 시저샐러드입니다. 로메인과 크루통 대신 참나물과 빵가루를 사용했지요. 누룩액젓 베이스의 시저드레싱만 있다면 다양한 채소로 맛있는 시저샐러드를 만들 수 있어요.

참나물 1줌(100g)
베이컨 1줄
빵가루 3큰술
그라노파다노치즈 약간

시저드레싱
쌀누룩액젓 1/2작은술
마요네즈 4큰술
그라노파다노치즈 1큰술
꿀 1/2큰술
홀그레인 머스터드 1/2작은술
후춧가루 약간

recipe

1. 참나물은 깨끗이 씻어 채소 탈수기에 돌려 수분을 최대한 뺀 후 5cm 길이로 자른다.
2. 베이컨은 1cm 폭으로 썰어 중약불로 달군 팬에서 바삭하게 볶아 준비한다.
3. 약불로 달군 팬에 빵가루를 노릇해지도록 볶아둔다.
4. 볼에 시저드레싱 재료를 모두 섞고 준비한 참나물을 버무린다.
5. 접시에 ④를 담고 볶은 베이컨과 빵가루, 그라노파다노치즈를 뿌려 완성한다.

Tip 매콤한 드레싱도 즐겨보세요.
누룩액젓으로 시저드레싱을 만들 때 다진 청양고추나 와사비를 추가해보세요. 이색적인 스파이시 시저드레싱을 맛볼 수 있어요.

누룩액젓으로 간하다

마늘참치볶음밥

마늘과 참치, 대파, 그리고 누룩액젓으로 맛을 낸 초간단 볶음밥입니다. 얼추 10분이면 만들 수 있지요. 누룩액젓의 감칠맛이 볶음밥에 깊은 맛을 내줍니다. 참치가 없다면 냉장고 속 자투리 채소만 다져 넣어요.

밥 2공기(400g)
참치 1캔
달걀물 2개분
양파 1/3개
마늘 12쪽
대파 15cm
쪽파 약간
쌀누룩액젓 1과1/2작은술
청주 1큰술
올리브유 1큰술
참기름 1작은술
후춧가루 약간

recipe

1. 참치는 체에 밭쳐 기름을 최대한 뺀다.
2. 양파는 굵게 다지고, 마늘은 0.3cm 두께로 편썬다. 대파와 쪽파도 송송 썬다.
3. 중약불로 달군 팬에 올리브유를 두르고 양파, 마늘, 대파를 노릇하게 볶는다.
4. ③에 기름을 뺀 참치와 청주, 후춧가루를 넣어 볶는다.
5. ④의 팬 한쪽에 달걀물을 부어 스크램블을 만든다.
6. 밥과 쌀누룩액젓, 참기름을 넣어 함께 볶은 후 접시에 담는다. 송송 썬 쪽파를 뿌린다.

Tip 달걀물로 스크램블을 만들어 넣어요.
달걀물은 밥에 직접 볶지 말고 스크램블을 만들어 섞어요. 색감이 살아나 더 먹음직스러워 보여요.

누룩액젓으로 볶다

밥새우루꼴라오일파스타

마치 엔쵸비를 넣은 듯 감칠맛이 느껴지는 메뉴입니다. 밥새우가 없다면 냉동실 속의 건새우를 이용해서 만들어요.

스파게티니 2줌
(140g)
밥새우 2/3컵
루꼴라 1줌
방울토마토 6개
마늘 12쪽
대파 10cm
페페론치노 6개
올리브유 6큰술
쌀누룩액젓 1작은술
후춧가루 약간
그라노파다노치즈
약간

채수(2컵)
양파 1/3개
당근 1/6개
대파 5cm
통후추 3알
월계수잎 1/2장
다시마 5×5cm 1장
물 3컵

면 삶는 물
굵은 소금 1큰술
물 7과1/2컵

recipe

1. 채수 재료를 모두 넣고 끓어오르면 5분 뒤 다시마를 건지고 중약불로 10분간 더 끓인다.

2. 냄비에 면 삶는 물을 붓고 면을 넣어 포장지에 적힌 시간보다 3분 정도 덜 삶는다.

3. 밥새우는 약불에서 바삭하게 볶고, 방울토마토와 페페론치노는 2등분한다. 마늘은 0.5cm 두께로 편썰고 대파는 송송 썬다.

4. 팬에 올리브유를 둘러 마늘, 대파, 페페론치노를 중약불로 볶다가 밥새우 1/2 분량과 채수를 넣고 채수가 2/3로 줄도록 중강불로 끓인다.

5. ④에 삶은 면과 방울토마토, 쌀누룩액젓, 후춧가루를 넣고 수분이 없어질 때까지 볶는다.

6. 접시에 담고 루꼴라, 남은 밥새우를 올리고 그라노파다노치즈를 뿌려 완성한다.

누룩액젓으로 양념하다

고기소보로액젓쌀국수

고추기름에 다진 소고기를 볶아 고명으로 올린 쌀국수예요. 매콤한 고추기름과 국물에 배어나온 고기 양념이 어우러져 고기육수 못지않은 깊은 맛을 냅니다.

쌀국수 180g
다진 소고기 100g
대파 15cm
청양고추 1개
고수 1/2줌
레몬 1/4개
고추기름 1/2큰술

고기 밑간
간장 1/2큰술
올리고당 1/2큰술
맛술 1/2큰술
다진 마늘 1작은술
참기름 1/2작은술
후춧가루 약간

양념
쌀누룩액젓 2큰술
국간장 1과1/2큰술
소금 2/3작은술

멸치육수(6컵)
멸치 1컵
다시마 5×5cm 2장
대파 10cm
청주 1/2큰술
물 7컵

recipe

1. 약불로 달군 냄비에 내장 제거한 멸치를 볶다가 나머지 재료를 넣고 5분간 끓이다가 다시마만 건진다. 중약불로 15분 끓여 체에 거른다.

2. 다진 소고기는 밑간에 20분 재우고, 쌀국수는 찬물에 담가 15분간 불린다. 대파와 청양고추는 0.3cm 두께로 송송 썰고, 고수는 5cm 길이로 자른다.

3. 팬에 고추기름을 두르고 밑간에 재운 소고기를 약불로 볶는다.

4. 쌀국수는 끓는 물에 3분 삶아 그릇에 담는다.

5. 냄비에 멸치육수와 양념 재료를 넣고 끓어오르면 불을 끄고 ④에 붓는다. 볶은 소고기와 대파, 청양고추, 고수, 레몬을 올린다.

누룩맛된장으로 만들다

쑥갓고기맛된장샐러드
강된장과 표고버섯솥밥
들깨가루드라이맛된장덮밥
닭안심맛된장구이샌드위치
무말랭이아삭이고추무침
멸치시래기된장지짐

누룩미소된장으로 만들다

미소된장생선가스
대패삼겹숙주볶음
구운 애호박말이
미소된장크림스튜
미소된장버섯주먹밥
두부미역미소된장국

PART 03
누룩맛된장과 누룩미소된장으로 만든 요리

누룩맛된장으로 드레싱을 만들다

쑥갓고기맛된장샐러드

맛된장에 식초와 매실청을 섞으면 새콤달콤한 드레싱이 뚝딱 만들어지죠. 얇은 샤브샤브 고기에 향 좋은 쑥갓을 곁들여 특별한 한식 샐러드를 완성했습니다.

샤브샤브용 소고기 200g
쑥갓 1줌(100g)

드레싱
아몬드 3큰술
쌀누룩맛된장 2큰술
식초 2큰술
들기름 2큰술
매실청 1과1/2큰술
고춧가루 1큰술
맛술 1큰술
간장 1/2큰술
다진 마늘 1작은술

고기 데치는 물
청주 1큰술
물 2컵

recipe

1 쑥갓은 씻어 채소 탈수기에 돌려 물기를 최대한 털고 5cm 길이로 자른다.

2 믹서에 드레싱 재료를 모두 넣고 곱게 갈아둔다.

3 냄비에 고기 데치는 물을 붓고 중약불로 샤브샤브 고기를 1분간 데쳐 체에 밭쳐 식힌다.

4 ②의 드레싱 1/2 분량에 데친 샤브샤브 고기를 버무려 접시에 펼쳐 담는다.

5 남은 드레싱 1/2 분량에 쑥갓을 살살 버무려 ④에 올려낸다.

Tip 드레싱 재료는 믹서로 곱게 갈아요.
모든 드레싱 재료를 믹서에 갈면 드레싱을 간단히 만들 수 있어요. 씹히는 식감을 내고 싶다면 아몬드만 칼로 다져 넣어요.

누룩맛된장으로 양념하다
강된장과 표고버섯솥밥

강된장과 표고버섯을 올려 지은 솥밥 메뉴입니다. 향 좋은 표고버섯솥밥에 버섯, 애호박, 양파 등을 넣고 자박하게 끓인 강된장을 쓱쓱 비벼 먹어요.

표고버섯 2개
애호박 1/3개
양파 1/2개
두부 1/3모(100g)
대파 10cm
청양고추 1/2개
홍고추 1/2개
참기름 1작은술

양념
쌀누룩맛된장 3큰술
고춧가루 1큰술
다진 마늘 1작은술
올리고당 1/2작은술

보리새우육수(1컵)
보리새우 1/4컵
다시마 5×5cm 2장
물 1과1/2컵

강된장 recipe

1 냄비에 보리새우육수 재료를 넣고 끓어오르면 5분 뒤 다시마를 건지고 중약불로 10분간 끓여 체에 거른다.

2 표고버섯, 애호박, 양파, 두부는 사방 2cm 크기로 썰고, 대파와 고추도 0.5cm 두께로 썬다.

3 볼에 양념 재료를 모두 넣고 섞어둔다.

4 냄비에 참기름을 두르고 중약불에서 표고버섯과 애호박, 양파를 볶다가 ③의 양념과 보리새우육수를 넣고 중불로 올려 한소끔 끓인다.

5 대파와 고추를 넣고 마지막에 두부를 넣어 한번 끓여낸다.

쌀·물 2컵씩

표고버섯 4개

표고버섯솥밥 recipe

1 쌀은 30분 불리고 표고버섯은 0.5cm 두께로 썬다.

2 솥에 불린 쌀과 물을 넣고 표고버섯을 올린다.

3 센불에서 한소끔 끓어오르면 약불로 줄여 20분간 끓이다가 불을 끄고 5분간 뜸들인다.

누룩맛된장으로 양념하다

들깨가루드라이맛된장덮밥

누룩맛된장과 들깨가루로 맛을 낸 덮밥입니다. 다진 돼지고기와 채소를 달달 볶아 맛된장으로 간을 했지요. 국물이 거의 없을 때까지 볶는 게 포인트예요. 들깨가루는 마지막에 넣어주세요.

밥 2공기(400g)
다진 돼지고기 150g
양파 1/4개
당근 1/4개
애호박 1/5개
표고버섯 2개
대파 10cm
들깨가루 2큰술
올리브유 1큰술

고기 밑간
맛술 2작은술
간장 1작은술
올리고당 1작은술
참기름 1작은술
후춧가루 약간

양념
쌀누룩맛된장 2큰술
고추장 2작은술
다진 마늘 1작은술
참기름 1작은술
올리고당 1작은술
후춧가루 약간

채수(1/2컵)
양파 1/5개
대파 5cm
다시마 5×5cm 1장
물 1컵

recipe

1. 냄비에 채수 재료를 넣고 끓어오르면 5분 뒤 다시마를 건지고 약불로 10분간 끓여 체에 거른다.
2. 다진 돼지고기는 밑간에 조물조물 버무려 20분간 재운다.
3. 양파, 당근, 애호박, 표고버섯은 사방 1cm 크기로 썰고, 대파는 0.5cm 폭으로 송송 썬다.
4. 볼에 양념 재료와 채수를 넣고 섞는다.
5. 중약불로 달군 팬에 올리브유를 둘러 대파를 볶다가 중불로 올려 ②의 고기를 볶는다.
6. ⑤에 준비한 채소를 중불로 볶다가 ④를 넣어 볶는다. 들깨가루를 버무려 완성해 밥 위에 올린다.

Tip **양념은 채수에 풀어 넣어요.**
양념을 곧장 요리에 넣으면 양념이 골고루 섞이지 않아요. 먼저 채수에 풀어 넣어야 양념이 분리되지 않고 맛도 깊어져요.

누룩맛된장으로 밑간하다
닭안심맛된장구이샌드위치

누룩맛된장으로 밑간한 닭안심을 구워 샌드위치 사이에 넣었어요. 토마토, 치즈, 소스를 곁들여 한입 베어물면 짭짤하면서도 달콤하지요. 누룩맛된장의 활약을 직접 느껴보세요.

2개 분량

식빵 4장
닭안심 200g
토마토 1개
샐러드채소 2줌
슬라이스 치즈 2장
올리브유 1큰술

닭가슴살 밑간
쌀누룩맛된장 1큰술
올리고당 1큰술
참기름 1/2큰술
맛술 1/2큰술
다진 마늘 1작은술

소스
마요네즈 4큰술
크림치즈 1큰술
꿀 1작은술
홀그레인 머스터드 1/2작은술

recipe

1 닭안심을 밑간에 조물조물 버무려 20분간 재운다.

2 볼에 소스 재료를 모두 넣고 섞어둔다.

3 토마토는 1cm 두께로 슬라이스하고, 샐러드채소는 물기를 최대한 제거한다.

4 중약불로 달군 팬에 올리브유를 둘러 밑간에 재운 닭안심을 앞뒤로 노릇하게 굽는다.

5 식빵 4장 각각의 한쪽 면에 ②의 소스를 바르고, 식빵 1장 → 슬라이스 치즈 1장 → 구운 닭안심 1/2 분량 → 토마토 슬라이스 1/2 분량 → 샐러드채소 1줌 → 식빵 1장 순으로 올려 샌드위치를 만든다. 같은 방법으로 1개 더 만든다.

Tip 누린내가 나면 우유를 활용해요.
닭안심은 누룩맛된장이 들어간 양념에 재워요. 밑간하기 전, 닭고기를 우유에 30분~1시간 담갔다가 사용하면 고기의 누린내까지 사라져요.

누룩맛된장에 무치다
무말랭이아삭이고추무침

식감이 예술인 반찬이죠. 무말랭이와 아삭이고추에 누룩맛된장 양념만 더하면 한끼 반찬이 완성됩니다. 밥반찬이 떨어진 날, 만들어 바로 먹기 좋아요.

가는 무말랭이 10g
아삭이고추 6개

양념
쌀누룩맛된장 1과1/3큰술
다진 파 1큰술
다진 마늘 1/2작은술
올리고당 1/2큰술
고춧가루 1작은술
참기름 1작은술
통깨 1/2작은술

recipe

1 무말랭이는 물 1/2컵(분량 외)에 10분 정도 불렸다가 물기를 꽉 짜서 준비한다.

2 아삭이고추는 2cm 길이로 송송 썬다.

3 볼에 양념 재료를 모두 넣고 섞는다.

4 ③에 불린 무말랭이와 아삭이고추를 조물조물 버무려낸다.

> Tip 두께가 가는 무말랭이를 넣어요.
> 가는 무말랭이는 일반 무말랭이에 비해 물에 불리는 시간이 짧고 양념도 잘 배어요. 즉석에서 즐기는 무침용에는 두께가 가는 걸 선택하세요.

누룩맛된장으로 지지다
멸치시래기된장지짐

입맛 없을 때 권하는 반찬입니다. 잘 삶아낸 시래기에 멸치, 누룩맛된장을 섞어 자작하게 끓여냈죠. 시판 삶은 시래기를 활용하면 편리하게 만들 수 있어요.

삶은 시래기 200g
멸치(中) 1/2컵
청양고추 1/2개
홍고추 1/2개

양념
쌀누룩맛된장 3큰술
고춧가루 1큰술
청주 1큰술
다진 파 1큰술
다진 마늘 2/3큰술
올리고당 1/2큰술
생강 1/4작은술

멸치육수(1과1/2컵)
멸치 1/2컵
다시마 5×5cm 2장
청주 1/2큰술
물 2와1/2컵

recipe

1 약불로 달군 냄비에 내장을 제거한 멸치를 볶다가 나머지 육수 재료를 넣고 끓인다. 5분 뒤 다시마는 건지고 중약불로 15분간 더 끓여 체에 거른다.

2 삶은 시래기는 억센 겉껍질을 제거한 후 물기를 짜고 7cm 길이로 자른다.

3 멸치는 내장을 제거해 약불로 달군 팬에 볶아 수분을 날리고, 고추는 0.5cm 두께로 썬다.

4 볼에 양념 재료와 손질한 삶은 시래기를 넣고 조물조물 무친다.

5 냄비에 ④와 볶은 멸치, 고추, 멸치육수를 넣고 중불에서 끓어오르면 약불로 낮추어 국물을 자작하게 졸인다.

누룩미소된장으로 밑간하다

미소된장생선가스

도톰한 대구포를 누룩미소된장으로 밑간하면 대구포의 비린내도 덜하고 간도 잘 배어요. 기름에 튀겨 타르타르소스를 곁들이면 정말 맛있지요. 아이들 간식, 반찬, 손님 초대 요리, 술안주 등 어디에나 잘 어울리는 메뉴입니다.

냉동 대구포 400g
레몬 1/4개
식용유 2와1/2컵

대구포 밑간
쌀누룩미소된장 1큰술
청주 1큰술
후춧가루 약간

튀김옷
달걀물 2개분
밀가루 1/2컵
빵가루 1컵

타르타르소스
마요네즈 6큰술
다진 양파 2큰술
다진 피클 2큰술
올리고당 1/2큰술
레몬즙 1작은술
후춧가루 약간
다진 이태리파슬리 약간

recipe

1. 냉동 대구포는 하루 전에 냉장실에 두어 해동한 후 키친타월로 수분을 최대한 제거해 밑간에 30분간 재운다.
2. 밑간한 대구포를 밀가루 → 달걀물 → 빵가루 순으로 튀김옷을 입힌다.
3. 튀김팬에 식용유를 붓고 170℃로 달구어 중약불로 ②의 대구포를 노릇하게 튀긴다.
4. 볼에 타르타르소스 재료를 모두 넣어 섞는다.
5. 접시에 튀긴 생선가스와 타르타르소스, 레몬을 올려 완성한다.

Tip **대구포 밑간에 누룩미소된장을 활용해요.**
도톰한 대구포는 소금, 후춧가루보다 미소된장으로 밑간해야 맛이 더 좋아요. 누룩미소된장의 짠맛과 단맛이 대구포 속까지 잘 배어들어요.

누룩미소된장으로 볶다

대패삼겹숙주볶음

빠른 시간에 조리가 가능한 대패삼겹살 메뉴입니다. 대패삼겹살과 숙주를 미소된장 양념으로 후다닥 볶았지요. 숙주의 아삭함과 누룩미소된장의 깊은 맛이 입안에 맴돌아요.

대패삼겹살 300g
숙주 2줌(100g)
대파 10cm

양념
쌀누룩미소된장 2큰술
고춧가루 1작은술
올리고당 1과1/2큰술
맛술 1큰술
다진 마늘 1/2큰술
다진 생강 1/3작은술
후춧가루 약간

recipe

1 숙주는 씻어 체에 밭쳐 물기를 제거하고, 대파는 0.5cm 두께로 송송 썬다.
2 볼에 양념 재료를 모두 넣고 섞어둔다.
3 중약불로 달군 팬에 대파와 대패삼겹살을 노릇하게 볶는다.
4 삼겹살에서 나온 기름은 키친타월로 모두 제거한다.
5 ④에 미리 섞어둔 양념을 넣어 중불로 볶은 뒤 숙주를 숨이 살짝 죽을 때까지만 볶아 완성한다.

Tip **삼겹살 기름은 제거한 후 양념해요.**
누룩미소된장의 담백한 맛을 살리려면 고기를 볶을 때 생긴 기름을 제거해야 해요. 이후 양념을 넣고 볶아야 담백하고 맛있어요.

누룩미소된장으로 양념하다

구운 애호박말이

구운 애호박을 활용한 메뉴입니다. 애호박을 길게 슬라이스해 구운 뒤 미소된장 양념을 발라 돌돌 말았지요. 마치 고급 한식 레스토랑에서 맛보는 요리 같아요. 식탁의 분위기가 확 달라집니다.

애호박 1개
올리브유 1/2큰술

양념
쌀누룩미소된장 1큰술
깨소금 2큰술
참기름 1과1/2큰술
꿀 2작은술
맛술 1작은술
레몬즙 1작은술

recipe

1. 애호박은 감자 필러를 이용해서 세로로 길게 슬라이스한다.
2. 볼에 양념 재료를 모두 넣고 섞어둔다.
3. 약불로 달군 팬에 올리브유를 두르고 애호박 슬라이스를 앞뒤로 노릇하게 굽는다.
4. 구운 애호박과 준비한 양념을 살살 버무린다.
5. 한 장씩 돌돌 말아 모양 그대로 접시에 담는다.

Tip 애호박은 굽지 않고 데쳐도 좋아요.
더 깔끔한 맛을 원한다면 애호박을 올리브유에 굽지 말고 데쳐 양념에 버무려요. 끓는 물에 소금 약간만 넣고 30초~1분간 데쳐요.

누룩미소된장으로 밑간하다

미소된장크림스튜

찌개용 돼지고기를 누룩미소된장으로 밑간하고 큼직하게 썬 감자와 당근, 양파를 넣고 끓인 크림스튜입니다. 토마토스튜와는 또 다른 매력이 있지요. 몸이 으스스할 때 따뜻하게 끓여 드세요.

찌개용 돼지고기 200g
감자 1/2개
당근 1/2개
양파 1/2개
마늘 1쪽
이태리파슬리 2줄기
올리브유 1큰술
화이트와인 1큰술
생크림 1컵
소금 약간
후춧가루 약간

고기 밑간
쌀누룩미소된장 1큰술
청주 1큰술
다진 마늘 1/2작은술
후춧가루 약간

채수(1컵)
양파 1/4개
당근 1/6개
대파 5cm
통후추 3알
월계수잎 1/2장
다시마 5×5cm 1장
물 2컵

recipe

1. 채수 재료를 모두 넣고 끓어오르면 5분 뒤 다시마를 건지고 중약불로 10분간 더 끓인다.
2. 돼지고기는 밑간에 조물조물 버무려 20분간 재운다.
3. 감자, 당근, 양파는 큼직하게 썰고, 마늘은 칼등으로 으깬다. 이태리파슬리는 굵게 다진다.
4. 냄비에 올리브유를 둘러 으깬 마늘을 중약불로 노릇하게 볶고, 밑간에 재운 돼지고기를 볶는다. 고기가 노릇해지면 화이트와인을 넣어 알코올향이 날아갈 때까지 볶는다.
5. ④에 감자, 당근, 양파를 넣고 2~3분 볶다가 채수를 부어 중불에서 한소끔 끓인다.
6. 끓어오르면 생크림을 넣고 소금, 후춧가루로 간을 맞추고 다진 이태리파슬리를 뿌려낸다.

Tip 스튜용 고기는 밑간 시간을 지켜요.
큼직하게 썰어 넣는 스튜용 고기는 밑간이 필수죠. 밑간에 재우는 시간을 꼭 지켜야 해요.

누룩미소된장으로 양념하다
미소된장버섯주먹밥

어른, 아이 할 거 없이 온가족이 즐기기 좋은 주먹밥입니다. 쫄깃한 버섯볶음과 비름나물, 미소된장 양념의 색다른 조합이 놀랄 만큼 맛있답니다.

밥 2공기(400g)
만가닥버섯 2줌(200g)
비름나물 2줌(100g)
마늘 1쪽
올리브유 1큰술

양념
쌀누룩미소된장 1큰술
고추장 1큰술
다진 파 1큰술
다진 마늘 1작은술
올리고당 1과1/2큰술
참기름 1/2큰술

recipe

1 만가닥버섯은 밑동을 잘라 2cm 길이로 썰고, 마늘은 칼등으로 으깬다.

2 비름나물은 끓는 물에 소금 1/4작은술(분량 외)을 넣고 30초간 데친 후 찬물에 헹궈 물기를 짜고 먹기 좋게 자른다.

3 볼에 양념 재료를 모두 넣고 섞는다.

4 양념 1/2 분량에 데친 비름나물을 버무린다.

5 중약불로 달군 팬에 올리브유, 으깬 마늘을 볶아 향을 낸 뒤 만가닥버섯을 노릇해지도록 볶다가 남은 양념을 넣어 볶는다.

6 밥, 비름나물, 버섯볶음을 섞어 주먹밥 틀로 모양을 잡는다.

누룩미소된장으로 간하다
두부미역미소된장국

미소된장과, 두부, 미역만 넣고 끓인 두부미역미소된장국입니다. 누룩미소된장만 있다면 건강하고 깊고 진한 맛의 된장국을 만들 수 있어요.

두부 1/2모(200g)
자른 미역 2큰술(5g)
쌀누룩미소된장 3큰술

멸치육수(2와1/2컵)
멸치 1/2컵
다시마 5×5cm 2장
청주 1작은술
물 3과1/2컵

recipe

1 두부는 사방 2cm 크기로 썰고, 자른 미역은 물에 20분 불린다.

2 약불로 달군 냄비에 내장을 제거한 멸치를 볶다가 나머지 육수 재료를 넣고 끓인다. 5분 뒤 다시마는 건지고 중약불로 15분간 더 끓여 체에 거른다.

3 냄비에 멸치육수와 불린 미역을 넣고 쌀누룩미소된장을 푼다.

4 두부를 넣고 중불에서 한소끔 끓여 마무리한다.

> Tip **누룩미소된장은 마지막 단계에 넣어요.**
> 미소된장은 너무 오래 끓이면 텁텁한 맛이 나요. 마지막에 넣어야 깔끔한 국물 맛이 나지요. 잘 풀리지 않을 때는 체에 밭쳐 육수에 풀어요.

누룩고추장으로 만들다
고기완자누룩고추장찌개
해초오이지비빔국수
건새우누룩무조림
짜장고추장어묵떡볶이
대파바삭두루치기
호두황태고추장볶음

누룩레몬식초로 만들다
오렌지새우마늘겨자냉채
찹쌀탕수육과 레몬소스
당근완두콩샐러드
로즈마리채소피클
소고기구이초밥
찐 알배추와 매운 고추드레싱

PART 04

누룩고추장과 누룩레몬식초로
만든 요리

누룩고추장으로 양념하다

고기완자누룩고추장찌개

다진 돼지고기를 양념해 동글하게 빚어 고추장찌개를 끓였습니다. 같은 고추장찌개여도 비주얼 만점의 집밥이 완성되지요. 손님 초대요리로도 제격이에요. 감자와 양파는 큼직하게 썰어 넣어야 먹음직스러워 보여요.

다진 돼지고기 300g	**고기완자 양념**	
감자 1개	간장 1/2큰술	
양파 1/2개	청주 1큰술	
청양고추 1/2개	감자전분 1큰술	
홍고추 1개	참기름 1작은술	
대파 20cm	소금 1/4작은술	
쌀누룩고추장 1과1/2큰술	후춧가루 약간	
된장 1과1/2큰술	**멸치육수(2와1/2컵)**	
고춧가루 1/2큰술	멸치 2/3컵	
다진 마늘 1/2큰술	다시마 5×5cm 2장	
	청주 1/2큰술	
	물 3과1/2컵	

recipe

1. 약불로 달군 냄비에 내장을 제거한 멸치를 볶다가 나머지 육수 재료를 넣고 끓인다. 5분 뒤 다시마는 건지고 중약불로 15분간 더 끓여 체에 거른다.

2. 감자와 양파는 6등분하고, 고추와 대파는 0.5cm 두께로 어슷썬다.

3. 볼에 다진 돼지고기와 고기완자 양념을 넣어 치댄 후 동그랗게 빚어 고기완자를 만든다.

4. 냄비에 멸치육수, 감자, 양파, 쌀누룩고추장, 된장, 고춧가루, 다진 마늘을 넣고 중불에서 부르르 끓인다.

5. 고기완자를 넣어 중불로 고기가 익을 때까지 끓이다가 대파, 고추를 넣고 2분간 끓여 완성한다.

Tip 비린 맛이 느껴지면 청주나 소주를 넣어요.
종종 멸치육수에서 비린 맛이 느껴질 때가 있죠. 그럴 땐 청주나 소주를 약간 넣어요. 알코올이 날아가면서 비린 맛도 사라져요.

누룩고추장에 버무리다
해초오이지비빔국수

누룩고추장으로 새콤달콤한 소스를 만들었습니다. 소면만 삶으면 맛있는 비빔국수가 되지요. 오이지나 해초가 없다면 김치를 송송 썰어 넣어도 맛있어요. 밥하기 싫은 주말, 간단한 국수요리로 추천합니다.

소면 2줌(180g)
말린 해초 1/2컵(5g)
오이지 1개

양념
쌀누룩고추장 4큰술
식초 4와1/2큰술
올리고당 2큰술
고춧가루 1큰술
설탕 1/2큰술
레몬즙 1/2큰술
맛술 1/2큰술
참기름 2/3큰술
통깨 1작은술

recipe

1. 말린 해초는 물 2컵(분량 외)에 15분간 불린 후 끓는 물에 1분간 데쳐 찬물에 헹구어 체에 밭친다.
2. 오이지는 0.5cm 두께로 슬라이스한다.
3. 큰 볼에 양념 재료를 모두 넣고 섞어둔다.
4. 냄비에 물 1리터(분량 외)를 붓고 센불에서 끓어오르면 소면을 넣어 중불로 줄인다. 중간중간 끓어오를 때마다 찬물을 부어가며 3분간 삶은 후 찬물에 헹궈 체에 밭친다.
5. ③에 삶은 소면을 버무려 그릇에 담는다.
6. 준비한 해초와 오이지를 올려낸다.

Tip 삶은 소면은 물기를 제거해 양념에 비벼요.
삶은 소면은 찬물에 헹구어 물기를 제거한 후 양념과 버무려요. 소면에 물기가 없어야 양념이 골고루 묻어나요.

누룩고추장에 졸이다

건새우누룩무조림

고등어조림에서 무만 골라 드시는 분들이 계시죠. 고등어가 없어도 큼직한 무와 건새우만 있다면 맛있는 무조림도 문제없습니다. 약불에서 은은하게 오래 끓여야 양념이 잘 배인 살캉살캉한 무조림을 만들 수 있어요.

건새우 2/3컵
무 2.5cm 1토막(300g)
대파 10cm
청양고추 1/2개

양념
쌀누룩고추장 1큰술
간장 1과1/2큰술
고춧가루 1큰술
올리고당 1큰술
청주 1큰술
다진 마늘 1큰술
설탕 1/2큰술
생강 1/2작은술
후춧가루 약간

멸치육수(2컵)
멸치 2/3컵
다시마 5×5cm 2장
청주 1/2큰술
물 3컵

recipe

1. 약불로 달군 냄비에 내장을 제거한 멸치를 볶다가 나머지 육수 재료를 넣고 끓인다. 5분 뒤 다시마는 건지고 중약불로 15분간 더 끓여 체에 거른다.
2. 건새우는 약불로 달군 팬에서 볶아 비린내를 날린다.
3. 무는 반 자르고, 대파와 청양고추는 0.5cm 두께로 송송 썬다.
4. 볼에 양념 재료를 모두 넣고 섞는다.
5. 냄비에 무 → ④의 양념 → 볶은 건새우 순으로 쌓고 맨 위에 대파와 청양고추를 올린다.
6. 멸치육수를 부어 약불에서 국물을 자작하게 졸인다.

Tip 무 사이 사이에 양념을 발라요.
맛있는 무조림의 비밀은 무와 양념의 밸런스에 있어요. 냄비에 먼저 무를 넣고 양념을 바른 후 건새우를 넣어요. 다시 무를 넣고 양념을 발라 끓이면 무에 양념이 잘 배어요.

누룩고추장으로 양념하다
짜장고추장어묵떡볶이

누룩고추장에 약간의 짜장가루를 더하면 온가족이 먹기 좋은 양념이 되지요. 국간장과 참치액젓의 어우러짐도 의외로 좋아요. 큼직한 어묵을 넣고 즐겨보세요.

떡볶이 쌀떡 300g
봉어묵 2개
양파 1/2개
대파 10cm

양념
쌀누룩고추장 2큰술
올리고당 2큰술
고춧가루 1큰술
짜장가루 1/2큰술
다진 마늘 1/2큰술
국간장 1/2큰술
참치액젓 1/2큰술

멸치육수(2와1/2컵)
멸치 1/2컵
다시마 5×5cm 2장
청주 1/2큰술
물 3컵

recipe

1 약불로 달군 냄비에 내장을 제거한 멸치를 볶다가 나머지 육수 재료를 넣고 끓인다. 5분 뒤 다시마는 건지고 중약불로 15분간 더 끓여 체에 거른다.

2 양파는 0.5cm 폭으로 채썰고, 대파는 세로로 반 잘라 5cm 길이로 썬다.

3 볼에 양념 재료를 모두 넣고 섞는다.

4 냄비에 멸치육수와 양파, 대파를 넣고 중불에서 끓인다.

5 한소끔 끓어오르면 ③의 양념과 떡볶이 쌀떡, 봉어묵을 넣고 국물을 자작하게 졸인다.

Tip 채소부터 끓이고 양념을 풀어요.
육수에 채소를 먼저 넣고 끓여야 국물 맛이 깊어져요. 채소를 끓인 육수에 누룩고추장 양념을 더하면 맛있는 떡볶이를 만들 수 있어요.

누룩고추장에 재우다

대파바삭두루치기

돼지고기에 쌀누룩의 달큰함과 대파의 향을 입힌 두루치기예요. 누룩고추장 양념에 돼지고기를 재워 바삭하게 볶았죠. 상추쌈 크게 하나 싸서 입안 가득 풍미를 즐겨요.

돼지고기 뒷다리살 400g
양파 1/2개
대파 20cm 2개
올리브유 1큰술

양념
쌀누룩고추장 3큰술
고춧가루 2큰술
올리고당 2큰술
간장 1과 1/2큰술
다진 마늘 1큰술
맛술 1큰술
청주 1큰술
후춧가루 약간

recipe

1 돼지고기는 양념에 조물조물 버무려 30분간 재운다.

2 양파는 0.5cm 두께로 썰고, 대파는 세로로 4등분해 5cm 길이로 자른다.

3 중약불로 달군 팬에 올리브유를 두르고 준비한 양파와 대파를 노릇해지도록 볶는다.

4 ③에 양념에 재운 돼지고기를 볶아낸다.

Tip 청양고춧가루로 매운맛을 조절해요.
양념에 청양고춧가루를 추가하면 매콤한 맛을 낼 수 있어요. 자칫 매운맛만 나기 쉬우니 조금씩 넣어가며 매운맛을 조절하세요.

누룩고추장으로 볶다
호두황태고추장볶음

고소한 호두와 황태채, 매콤한 누룩고추장 양념으로 맛낸 든든한 밑반찬입니다. 냉장고에 넣어두면 일주일 동안 밑반찬 걱정 없어요.

황태채 2컵(50g)
호두 1/2컵
통깨 1큰술

양념

쌀누룩고추장 1과1/2큰술
올리고당 1과1/2큰술
맛술 1큰술
설탕 1/2큰술
고춧가루 1/2큰술
다진 마늘 1/2큰술
다진 파 1큰술
간장 1작은술
참기름 1/2큰술
후춧가루 약간

recipe

1. 황태채는 먹기 좋은 크기로 잘라 물 1/2컵(분량 외)에 불린 후 물기를 짜준다.
2. 약불로 달군 팬에 호두를 넣고 바삭하게 볶는다.
3. 볼에 양념 재료를 모두 넣고 섞는다.
4. 팬에 ③의 양념을 넣고 중약불에서 부르르 끓어오르면 불린 황태채와 볶은 호두를 넣어 양념이 다 스며들 때까지 볶는다.
5. 통깨를 넣고 버무려 완성한다.

Tip 누룩고추장 양념은 부르르 끓여요.
양념을 먼저 부르르 재빨리 끓여주세요. 그래야 양념 재료들이 어우러져 황태채와 호두를 넣고 볶을 때 잘 묻어나요.

누룩레몬식초로 마리네이드하다

오렌지새우마늘겨자냉채

알록달록한 오렌지와 오이의 조화, 톡 쏘는 소스까지 여름을 닮은 냉채예요. 오렌지를 넣은 냉채가 낯설더라도 용기 내어 만들어보세요. 누룩레몬식초만 있다면 누가 만들어도 실패하지 않을 거예요.

새우 10마리
오렌지 1개
오이 1/3개

냉채소스
쌀누룩레몬식초 3큰술
설탕 1과1/3큰술
다진 마늘 1큰술
연겨자 2/3작은술
소금 1/4작은술

새우 데치는 물
청주 1/2큰술
식초 1/2작은술
물 1컵

recipe

1. 오렌지는 껍질을 제거해 칼집을 넣어 과육만 분리하고, 오이는 0.3cm 두께로 채썬다.
2. 냄비에 새우 데치는 물을 붓고 중약불에서 끓어오르면 새우를 5분간 데쳐 얼음물에 헹군 뒤 체에 밭친다.
3. 볼에 냉채소스 재료를 모두 넣고 섞은 뒤 데친 새우와 채썬 오이를 버무린다.
4. 마지막에 오렌지를 넣고 살짝 버무려 완성한다.

Tip 오렌지는 마지막에 섞어요.
해산물과 채소를 버무리고 오렌지를 넣어야 그 향이 유지되어요. 해산물의 비린 맛이 부담스럽다면 냉채소스에 20분간 마리네이드해 사용해요.

누룩레몬식초로 소스를 만들다

찹쌀탕수육과 레몬소스

찹쌀 반죽옷을 입혀 쫄깃하고 바삭한 탕수육 위에 누룩레몬식초로 만든 레몬소스를 뿌렸습니다. 중국집 탕수육 못지않게 맛있지요. '부먹', '찍먹' 취향대로 즐기세요.

돼지고기 등심 300g
레몬 1/3개
녹말물(감자전분 1/2큰술, 물 1큰술)
식용유 3컵

찹쌀 반죽옷
감자전분 1컵
물 1컵
달걀흰자 1개분
찹쌀가루 3큰술
식용유 1큰술
소금 1/3작은술

고기 밑간
청주 1큰술
다진 마늘 1작은술
소금 1/4작은술
후춧가루 약간

레몬소스
쌀누룩레몬식초 2큰술
설탕 2큰술
간장 1과1/2큰술
맛술 1/2큰술
물 1/2컵

recipe

1. 돼지고기는 밑간에 조물조물 버무려 30분간 재운다.

2. 찹쌀 반죽옷을 만든다. 감자전분과 물을 섞어 30분간 두었다가 물만 따라낸 후 나머지 반죽 재료를 넣어 섞는다.

3. 찹쌀 반죽옷에 밑간에 재운 고기를 버무린다.

4. 레몬소스 재료를 섞어두고, 레몬은 0.5cm 두께로 슬라이스한다.

5. 튀김냄비에 식용유를 부어 170℃ 달군 후 ③의 찹쌀 반죽옷을 입힌 돼지고기를 넣어 중약불에서 노릇하게 1차로 튀긴다. 튀기자마자 170℃의 기름에 다시 한 번 튀겨낸다.

6. 중약불로 달군 팬에 ④의 레몬소스와 레몬을 넣고 부르르 끓어오르면 녹말물로 걸쭉하게 소스 농도를 조절한다.

Tip **녹말물은 조금씩 넣어요.**
농도를 맞추는 녹말물은 조금씩 저어가며 넣어요. 한 번에 넣으면 녹말물이 잘 풀어지지 않고 뭉칠 수 있어요.

누룩레몬식초로 드레싱을 만들다

당근완두콩샐러드

주황빛 당근과 초록색의 완두콩, 딱 두 가지 채소로 맛과 멋을 살린 채소면 샐러드예요. 누룩레몬식초로 만든 드레싱은 심플하면서도 감칠맛이 돌지요. 완두콩이 아니라도 계절에 맞는 콩을 삶아 넣어요.

당근 1/2개
완두콩 1/4컵

콩 삶는 물
물 2컵
소금 약간

드레싱
쌀누룩레몬식초 2큰술
꿀 1과1/2큰술
올리브유 1과1/2큰술
소금 1/4작은술
후춧가루 약간

recipe

1. 냄비에 콩 삶는 물을 붓고 완두콩을 중불로 10분간 삶아 찬물에 헹구어 체에 밭친다.
2. 당근은 감자 필러로 얇고 길게 슬라이스한다.
3. 볼에 드레싱 재료를 모두 넣고 섞는다.
4. 접시에 당근 슬라이스와 삶은 완두콩을 담고 드레싱을 뿌린다.

Tip 드레싱 식초와 꿀은 1:1이 적당해요.
식초와 꿀의 비율은 동량으로 잡아요. 누룩레몬식초의 은은한 레몬향이 당근과 완두콩의 맛을 더 돋보여주죠. 꿀 대신 과일청을 넣어도 좋아요.

누룩레몬식초에 절이다
로즈마리채소피클

피클은 며칠 맛들어야 한다고 생각하시죠? 하루 만에 맛보는 산뜻한 피클을 소개합니다. 오이와 당근, 샐러리, 적양파에 향 좋은 로즈마리를 넣고 절임물에 버무려요. 냉장실에 반나절만 두면 맛있는 채소피클이 완성됩니다.

오이 1개
당근 1/2개
적양파 1/4개
샐러리 1대
로즈마리 2줄기
굵은 소금 1/2큰술

절임물
쌀누룩레몬식초 3큰술
설탕 2큰술
레몬즙 2큰술
통후추 3알

recipe

1. 오이는 0.7cm 두께로, 당근은 0.5cm 두께로 슬라이스한다. 적양파도 0.5cm 폭으로 채썬다.
2. 준비한 채소에 굵은 소금 1/2큰술을 버무려 30분간 절였다가 체에 밭쳐 수분을 제거한다.
3. 샐러리는 섬유질을 제거한 뒤 0.7cm 두께로 어슷썬다.
4. 볼에 절임물 재료를 모두 넣고 설탕이 녹도록 섞는다.
5. 용기에 ②의 절인 채소와 어슷썬 샐러리, 로즈마리를 넣고 절임물을 붓는다.
6. 냉장실에서 반나절 정도 두어 맛들인다.

Tip 절임물에 레몬즙을 추가해요.
절임물에 식초만 넣지 말고 레몬즙도 추가해요. 레몬의 상큼한 향이 오이에 배어 더욱 프레시하죠. 누룩레몬식초와 잘 어울려요.

누룩레몬식초로 단촛물을 만들다

소고기구이초밥

초밥 위에 구운 소고기와 양파, 고추피클을 올린 메뉴예요. 누룩레몬식초 베이스의 단촛물로 초밥을 만들어 단맛과 신맛이 은은하게 느껴져요.

recipe

뜨거운 밥 2공기(400g)
구이용 소고기 300g
양파 1/3개
고추피클 2큰술
와사비 1/2큰술

단촛물
쌀누룩레몬식초 2큰술
설탕 1과1/2큰술
소금 1/2작은술

소스
간장 2큰술
올리고당 1큰술
설탕 1/2큰술
다진 생강 1/4작은술

1. 팬에 소스 재료를 모두 넣고 중약불에서 걸쭉하게 끓여 식힌다.
2. 양파는 0.3cm 두께로 곱게 채썰어 찬물에 담가 매운맛을 뺀 뒤 체에 밭친다.
3. 볼에 단촛물 재료를 넣고 설탕과 소금이 녹도록 섞은 후 뜨거운 밥에 넣어 나무주걱으로 가르듯 섞는다.
4. ③의 밥을 가볍게 뭉쳐 모양을 잡은 뒤 와사비를 조금 올린다.
5. 구이용 소고기는 중강불에서 앞뒤로 노릇하게 구워 ④의 초밥 위에 올린다. 굽지 않고 토치로 익혀도 좋다.
6. ⑤에 ①의 소스를 바르고, 채썬 양파와 고추피클을 올려낸다.

누룩레몬식초로 드레싱을 만들다

찐 알배추와 매운 고추드레싱

살짝 쪄낸 알배추 위에 다진 고추를 넣은 드레싱을 뿌려 근사한 한 접시를 만들었습니다. 늦가을에서 겨울에 나오는 배추로 만들면 배추가 더 달큰해서 맛이 좋아요.

recipe

알배추 1/2개(350g)

매운 고추드레싱
청양고추 1개
홍고추 1개
다진 대파 2큰술
쌀누룩레몬식초 2큰술
간장 2와1/2큰술
매실청 1큰술
올리고당 1큰술
레몬즙 1/2큰술
물 2큰술

1 알배추는 세로로 반 잘라 중강불에서 찜기에 올린다. 김이 오르면 5분간 찐 후 불을 끄고 1분간 뜸들인다.

2 매운 고추드레싱을 만든다. 고추를 곱게 다져 나머지 재료를 한 번에 넣고 섞는다.

3 접시에 찐 알배추를 담고 준비한 매운 고추드레싱을 부어 완성한다.

Tip 드레싱은 미리 만들어요.
드레싱을 미리 만들어두었다가 사용해요. 몇 분 사이에 다진 고추의 맛과 향이 드레싱에 들어요.

누룩요구르트로 만들다
까망베르아스파라거스구이
미니쑥파운드케이크
유자쌀누룩마들렌
누룩딸기아이스크림
단호박무화과양갱
블루베리누룩스무디
쌀요구르트달달라떼

쌀막걸리로 만들다
막걸리모히또
흑당막걸리
자몽청막걸리칵테일

PART 05
누룩요구르트과 쌀막걸리로 만든 요리

누룩요구르트로 드레싱을 만들다
까망베르아스파라거스구이

발사믹소스에 누룩요구르트를 섞어보세요. 드레싱의 풍미가 달라져요. 누룩요구르트와 아스파라거스, 까망베르치즈의 어울림도 좋지요. 주말 브런치 메뉴로도 안성맞춤입니다.

아스파라거스 10개
까망베르치즈 1/2개
올리브유 1큰술
소금 약간
후춧가루 약간

드레싱
쌀누룩현미요구르트 2큰술
발사믹식초 2큰술
올리브유 1/2큰술
소금 약간
후춧가루 약간

recipe

1 아스파라거스는 밑동 부분을 2cm를 자르고 필러로 두꺼운 껍질을 벗긴다.
2 까망베르치즈는 반 잘라 1~1.5cm 두께로 슬라이스한다.
3 볼에 드레싱 재료를 모두 넣고 섞는다.
4 중약불로 달군 팬에 올리브유를 두르고 아스파라거스를 소금과 후춧가루를 뿌려가며 노릇하게 굽는다.
5 접시에 구운 아스파라거스, 까망베르치즈를 올리고 ③의 드레싱을 뿌려 완성한다.

Tip 발사믹식초는 레몬즙으로 대체 가능해요.
발사믹식초가 없다면 레몬즙과 누룩요구르트를 섞어 드레싱을 만들어요. 상큼한 맛이 더 살아요.

누룩요구르트로 반죽하다
미니쑥파운드케이크

쑥가루와 박력쌀가루, 누룩요구르트로 반죽한 만든 파운드케이크예요. 쑥향의 은은한 향과 누룩요구르트의 단맛에 빠져 몇 개를 먹어도 질리지 않죠. 예쁘고, 맛있는 디저트를 먹고 싶을 때 도전하세요. 선물용으로, 간식용으로 제격입니다.

6개 분량

쑥가루 8g
박력쌀가루 100g
베이킹파우더 3g
쌀누룩현미요구르트 100g
실온 버터 100g
실온 달걀 1개
소금 1g

콩크럼블
콩가루 10g
아몬드가루 8g
박력쌀가루 15g
실온 버터 20g
설탕 15g
소금 0.5g

recipe

1. 콩크럼블을 만든다. 버터를 거품기로 풀고 설탕과 소금을 섞는다. 나머지 재료를 체에 내려 섞고 냉장실에 30분간 둔다.
2. 반죽용 실온 버터 100g을 핸드믹서로 풀어 실온 달걀과 소금을 넣고 분리되지 않도록 다시 핸드믹서로 섞는다.
3. ②에 쑥가루, 박력쌀가루, 베이킹파우더를 체에 내려 섞고 쌀누룩현미요구르트를 섞는다.
4. ③을 짤주머니에 넣어 미니 파운드 틀에 80%씩 채운다.
5. 냉장실에 넣어둔 콩크럼블을 뿌린 뒤 180℃ 10분 예열한 오븐에서 15~20분간 구워낸다.

Tip 체에 내린 가루에 요구르트를 섞어요.
쑥가루, 박력쌀가루, 베이킹파우더 같은 가루류는 체에 내려 사용해요. 체에 내리면서 공기 포함율이 높아져 식감이 더 부드러워져요.

누룩요구르트로 반죽하다

유자쌀누룩마들렌

설탕 대신 누룩요구르트의 부드러운 단맛으로 맛낸 유자쌀마들렌입니다. 유자청의 은은한 향과 부드러운 쌀가루의 맛이 커피 한잔과 잘 어울리지요. 우유와 함께 아이 간식으로 내어도 좋아요. 마들렌 틀은 미리 오일이나 버터로 코팅해두세요.

12개 분량

쌀누룩현미요구르트 60g
박력쌀가루 30g
아몬드가루 20g
베이킹파우더 2g
실온 버터 30g
실온 달걀 1개
유자청 2/3큰술
소금 약간

recipe

1 실온 버터는 전자레인지에 30초간 돌렸다 미지근하게 식힌다.

2 박력쌀가루와 아몬드가루, 베이킹파우더는 체에 내린다.

3 ①의 녹인 버터에 실온 달걀 1개를 거품기로 풀어 섞는다.

4 ③에 체에 내린 가루류와 쌀누룩현미요구르트, 유자청, 소금을 섞어 반죽을 완성한다.

5 완성한 반죽을 짤주머니에 넣어 냉장실에서 1~2시간 휴지시킨다.

6 코팅해둔 마들렌 틀에 80%씩 반죽을 채워 180℃로 10분 예열한 오븐에서 10~12분간 굽는다.

Tip 녹인 버터와 달걀부터 잘 섞어요.
수분이 많은 달걀은 버터와 잘 섞지 않으면 반죽이 겉도는 느낌이 날 수 있어요. 달걀과 버터가 완전히 섞였을 때 누룩요구르트를 넣어요.

누룩요구르트로 아이스크림을 만들다

누룩딸기아이스크림

딸기와 쌀누룩요구르트 2가지 재료로 만든 아이스크림입니다. 유제품과 설탕을 넣지 않아도 부드럽고, 상큼하고, 달달하지요. 집에서 직접 건강한 단맛의 아이스크림을 만들고 싶을 때 누룩요구르트를 활용해보세요.

recipe

딸기 300g
쌀누룩현미요구르트 2컵
산딸기 4개
애플민트 1줄기

1. 믹서에 딸기와 쌀누룩현미요구르트를 넣고 곱게 간다.
2. 냉동 용기에 ①을 넣어 냉동실에서 6시간 이상 얼린다.
3. 아이스크림의 표면을 포크로 긁어준다. 얼리는 동안 3~4차례 반복한다.
4. 그릇에 누룩딸기아이스크림을 담고 산딸기와 애플민트로 장식한다.

Tip 딸기와 요구르트의 비율은 1:1이 적당해요.
아이스크림을 만들 때 과일과 누룩요구르트 비율은 1:1로 잡아야 맛의 밸런스가 가장 좋아요. 딸기 대신 블루베리, 자두, 체리 등의 제철과일도 활용 가능해요.

누룩요구르트로 양갱을 만들다

단호박무화과양갱

일반 양갱에 비해 단맛은 덜하지만 자연 그대로의 단맛이 느껴지는 양갱입니다. 노란 단호박과 톡톡 씹히는 무화과, 누룩요구르트로 만들지요. 양갱, 이제 집에서 만들어 드세요.

20개 분량

단호박 1/2개
(삶아 으깬 양 400g)
반건조 무화과 10개
쌀누룩현미요구르트 1컵
우유 1과 2/3컵
한천가루 2큰술(20g)
소금 1/4작은술

recipe

1. 단호박은 전자레인지에 5분간 돌려 안에 씨를 파내고 껍질을 벗겨 6등분한다.
2. 찜기에 준비한 6등분한 단호박을 올려 20분간 중강불로 찐다.
3. 냄비에 우유 2/3컵과 한천가루, 소금을 섞어 5분간 불린다.
4. 믹서에 찐 단호박과 남은 우유, 쌀누룩현미요구르트를 넣고 곱게 갈아 ③에 붓는다. 약불에서 뻑뻑한 느낌이 들 정도로 걸쭉하게 끓여 단호박양갱을 만든다.
5. 실리콘 소재의 양갱 틀에 물을 뿌렸다가 한 번 턴 후 반건조 무화과를 자르지 않고 그대로 넣는다.
6. ⑤의 무화과 위에 ④의 단호박양갱을 부어 시원한 곳이나 냉장실에서 2~3시간 굳힌다. 이후 틀에서 분리해 먹기 좋은 크기로 자른다.

Tip 양갱 베이스 재료는 믹서에 곱게 갈아요.

단호박, 우유, 누룩요구르트는 믹서에 곱게 갈아야 양갱의 식감이 부드러워져요. 포인트 재료인 무화과는 틀의 바닥에 깔고 베이스를 부어 굳힌 뒤 거꾸로 틀에서 꺼내 위로 세워요.

누룩요구르트로 스무디를 만들다

블루베리누룩스무디

블루베리와 누룩요구르트로 시원한 스무디 한잔 어떠세요? 설탕이나 꿀을 넣지 않아도 단맛을 충분히 즐길 수 있지요. 온가족이 아침에 가볍고 건강하게 즐기기 좋은 음료예요.

냉동 블루베리 2/3컵
쌀누룩현미요구르트 2컵
애플민트잎 약간

recipe

1 믹서에 냉동 블루베리와 쌀누룩현미요구르트를 넣고 곱게 간다. 이때 블루베리 몇 알은 장식용으로 남겨둔다.

2 컵에 ①의 블루베리스무디를 담는다.

3 남은 블루베리 3~4알과 애플민트잎을 장식으로 올린다.

> **Tip 좋아하는 식감에 따라 강도를 조절해요.**
> 목넘김이 좋은 스무디를 만들고 싶다면 믹서로 1분간 갈아주세요. 약간 씹히는 식감은 30초 정도가 적당해요.

누룩요구르트로 라떼를 만들다
쌀요구르트달달라떼

가끔 달달한 라떼가 먹고 싶을 때가 있죠. 설탕의 단맛이 걱정 된다면 누룩요구르트로 라떼를 만들어보세요. 은은한 커피의 향과 쌉싸름한 맛, 부드러운 단맛이 느껴져요.

recipe

쌀누룩현미요구르트 5큰술
우유 2/3컵
에스프레서 1샷
얼음 1/2컵

1 쌀누룩현미요구르트는 믹서에 곱게 간다.

2 컵에 갈은 쌀누룩현미요구르트를 넣고 우유를 붓는다.

3 바스푼으로 쌀누룩현미요구르트와 우유를 잘 섞는다.

4 컵에 얼음을 채우고 에스프레소 샷을 부어 완성한다.

Tip 요구르트 → 우유 → 커피 순으로 넣어요.
재료를 넣는 순서가 중요해요. 요구르트와 우유를 넣어 섞고 커피를 넣어야 층이 분리되어요.

막걸리로 모히또를 만들다
막걸리모히또

막걸리를 만들어 하루이틀 그대로 두면 맑은 부분과 탁한 부분이 위아래로 나뉘지요. 막걸리의 맑은 부분에 사이다, 라임, 애플민트를 넣고 만든 칵테일입니다. 진짜 막걸리 음료가 맞는지 되물을 만큼 맛도, 비주얼도 훌륭해요.

쌀막걸리 맑은 윗부분 1컵
사이다 1컵
라임 1개
애플민트 2줄기

recipe

1 라임 1/2개는 즙을 내고, 남은 1/2개는 0.3cm 두께로 슬라이스한다.
2 잔에 막걸리 맑은 윗부분 1컵을 붓는다.
3 준비한 라임즙과 사이다를 넣고 탄산이 빠지지 않도록 재빨리 섞는다.
4 애플민트를 손바닥 위에 놓고 탁탁 쳐서 ③에 넣는다.
5 라임 슬라이스는 한쪽에 칼집을 넣어 잔에 꽂아 장식한다.

Tip 라임즙은 즉석에서 짜서 넣어요.
시트러스 과일은 반드시 즉석에서 즙을 내어 넣어야 향이 살아요. 라임이 없다면 레몬이나 유자를 사용해도 되어요.

막걸리로 탄산음료를 만들다
흑당막걸리

최근 핫한 흑당시럽에 먹걸리를 섞은 칵테일 음료입니다. 핫한 흑당시럽을 막걸리에 넣으면 의외로 잘 어우러지죠. 시판 흑당시럽을 사용해도 좋아요.

쌀막걸리 1컵
탄산수 1컵
얼음 1/2컵
흑당시럽 3큰술

recipe

1 막걸리를 아래 위 잘 섞이도록 흔든다.
2 젓가락에 흑당시럽을 묻혀 잔 테두리 안쪽에 묻힌다.
3 남은 흑당시럽을 컵에 넣는다.
4 ③에 얼음을 채운다.
5 막걸리와 탄산수를 부어 마시기 전에 잘 섞는다.

Tip 향이 강하지 않은 흑당시럽을 사용해요.
직접 만든 수제 막걸리는 시판 막걸리에 비해 단맛이 적어요. 흑당시럽으로 단맛을 추가할 때는 향이 나지 않는 플레인 타입을 넣어야 막걸이의 맛과 향을 해치지 않아요.

막걸리로 칵테일을 만들다
자몽청막걸리칵테일

달달한 자몽청만 있다면 색다른 막걸리칵테일을 만들 수 있어요. 자몽청이 수제 막걸리의 부족한 단맛을 채우고 향긋한 향까지 더해주죠. 특별한 향이 없는 플레인 탄산수를 사용해야 자몽의 향이 느껴져요.

쌀막걸리 1컵
탄산수 1컵
얼음 1/2컵
자몽청 3큰술
로즈마리 2줄기

recipe

1　잔의 바닥 부분에 자몽청을 넣는다.

2　잔에 얼음을 채우고, 막걸리와 탄산수를 순서대로 붓는다.

3　로즈마리 줄기로 포인트를 준다.

4　먹기 직전에 바스푼으로 자몽청을 섞어 즐긴다.

Tip **여러 가지 과일청으로 대체 가능해요.**
집에 있는 다른 과일청을 넣어도 좋아요. 매실청, 자두청, 레몬청 등 어떤 과일을 넣어도 어울리죠. 각각의 과일청에 따라 칵테일 맛도 달라져요.

10가지 누룩발효조미료로 만드는
발효식탁

2021년 6월 15일 1쇄 발행

발효푸드디렉터	김봉경
사진	박영하(여름.夏스튜디오)
푸드스타일링	최지현(CHOI'S TABLE) 어시스트 이빛나리
기획/편집	문영애
디자인	김아름 @piknic_a
인쇄/출력	도담프린팅
펴낸곳	수작걸다
주소	경기 용인시 수지구 동천로64
이메일	suzakbook@naver.com
블로그	blog.naver.com/suzakbook
인스타그램	suzakbook

ISBN 978-89-6993-039-2 13590

- 이 책은 저작권법에 따라 보호받는 저작물이므로 무단 전재와 무단 복제를 금지하며,
  이 책 내용의 전부 또는 일부를 이용하려면 반드시 저작권자와 수작걸다의 서면 동의를 받아야 합니다.
- 제본에 이상이 있는 책은 바꾸어 드립니다.